書かずに文章が
うまくなるトレーニング

如何写出一篇好文章

不动笔就能学会写文章的训练法

[日]山口拓朗

中国青年出版社
CHINA YOUTH PRESS

图书在版编目（CIP）数据

如何写出一篇好文章：不动笔就能学会写文章的训练法 /
（日）山口拓朗著；黄悦生译.
—北京：中国青年出版社，2019.7
ISBN 978-7-5153-5600-6

Ⅰ.①如… Ⅱ.①山…②黄… Ⅲ.①写作－方法 Ⅳ.①H052

中国版本图书馆CIP数据核字（2019）第086386号

KAKAZUNI BUNSHO GA UMAKUNARU TRAINING
BY TAKURO YAMAGUCHI
Copyright © Takuro Yamaguchi, 2015
Original Japanese edition published by Sunmark Publishing, Inc., Tokyo
All rights reserved.
Chinese (in Simplified character only) translation copyright © 2019 by China Youth Book,
Inc. (an imprint of China Youth Press)
Chinese (in Simplified character only) translation rights arranged with
Sunmark Publishing, Inc., Tokyo through Bardon-Chinese Media Agency, Taipei.

如何写出一篇好文章：
不动笔就能学会写文章的训练法

作　　者：（日）山口拓朗
译　　者：黄悦生
责任编辑：胡莉萍
策划编辑：刘　吉
美术编辑：张燕楠
出　　版：中国青年出版社
发　　行：北京中青文文化传媒有限公司
电　　话：010-65511272 / 65516873
公司网址：www.cyb.com.cn
购书网址：zqwts.tmall.com
印　　刷：河北华商印刷有限公司
版　　次：2019年7月第1版
印　　次：2022年10月第5次印刷
开　　本：880×1230　　1/32
字　　数：120千字
印　　张：8.5
京权图字：01-2018-9152
书　　号：ISBN 978-7-5153-5600-6
定　　价：49.00元

| 目 录 |

| 前 言 |

你也有写文章的才能。

正是为了向大家传达这一点，我才下决心写这本书的。

也许，你不相信自己会写文章。

也许，你以为我在胡说八道。

但是，请你相信我——你也有写文章的才能。

以前一直写不好，只是因为没人教你写文章的方法而已。

如果你不相信，不妨回想一下小时候的语文课——

怎样才能写出传情达意的文章？

怎样才能写出引人入胜的文章？

怎样才能写出打动读者的文章？

有哪位老师教过你这些方法吗？

——答案恐怕是"没有"吧？！

在日本，国语课侧重于培养阅读理解能力。虽然也有机会写作文和读后感，但有哪位老师会对每个学生都进行深入指导的呢？——恐怕大多数人又会回答说"没有"。即使把问题替换成"大学时期的小论文"，答案应该还是一样。

为什么老师不对学生写的文章进行深入指导呢？因为他自己也从来没有学过写文章的方法。没错，老师并不是"不指导"，而是"不会指导"。老师能给出的建议，充其量也就是"写自己的感想"而已。至于老师修改作文的水平，则更是良莠不齐。在这种情况下，孩子们的"写作才能"是不可能开花结果的。

不过，请不必再担心，因为你现在已经有这本书在手，只要愿意学，有心不怕迟。

在社会上摸爬滚打的这十八年里，我当过编辑、记者、文案设计者、作家，靠笔杆子为生。在这本书里，我会把在学校绝对学不到的"写文章的方法"倾囊相授。

作为一个职业撰稿人，我为什么要把写文章的方法告诉别人呢？——因为我自己也曾经有一段时期为写文章而感到苦恼。

我当初刚跳出来做自由职业者的时候，一下扩大了业务范围，每个月要给十到十五家杂志写稿。随着媒体数量的增加，我也和越来越多的编辑开始打交道。令我感到意外的是，各位编辑对我提出批评和建议的机会竟然也多了起来。

"你把简单的东西写得太复杂了。"

"你有考虑过读者的感受吗？"

"挖掘得不够深刻。"

"没有说服力。"

"视点不够新颖。"

"你自己对这件事持什么观点呢？"

我好歹也算是个靠笔杆子为生的人，对于写文章一向颇为自负。然而，在编辑们的质疑声中，我锐气大挫，甚至动摇了当职业作家的信心。

我向编辑们恳求说："（关于写作方法）如果有可供我学习的文章，请一定让我拜读一下。"从那之后，我尽自己所能地阅读了大量被公认为"有趣""通俗易懂""深刻""犀利"的文章，想知道自己写的文章到底差在哪里。

有一天，我忽然意识到：我和这些作家之间的最大差别，也许不在于"写作技巧"，而在于"思考"和"准备"。

从那之后，我开始改变自己的写作方式，从"随心所欲地写"，变成了"思考之后再动笔""动笔前先做好准备工作"——没错，就是注重"思考"和"准备"。也正是从那时候起，我开始进行美其名曰"自我钻研"的独特思考训练，并取得了超乎想象的显著效果，各位编辑对我的评价也逐渐发生了变化。

"通俗易懂""有趣""有用""有节奏感""观点犀利""洞察力强""分析透彻""有说服力"……他们用这些褒奖之词来夸

赞我写的文章，并认为我的文章有一种独特的"个人风格"——
当然，是指褒义上的"风格"。

"不动笔就能学会写文章"——我对此有切身感受。正是动
笔（或敲键盘）前的"思考"和"准备"，使我的写作能力实现
了飞跃式的提高。

最近几年，我除了写作之外，还有越来越多的机会通过演
讲、研修、研讨会等向一般大众讲授写文章的方法，其间，我
发现很多人对于写文章有一种畏难情绪。

我想，现在正是一个好时机，可以把自己掌握的秘诀传授
给这些写作途中的"迷途羔羊"。我并不喜欢把"武林秘笈"自
己藏着掖着，而愿意毫无保留地与大家分享——分享自己在提
高写作能力方面的心得，以及"不动笔就能学会写文章"的训
练方法。

"之乎者也？""起承转合？""关联词？""倒装句？"……
有的人一见到这些写作术语就头疼，打心眼里觉得厌烦——请
你们放心，这本书所传授的，并不是繁琐的写作技巧，而是写
文章时的"思考"和"准备"。当然，这并非"放羊式的指导"，
我也不会忽悠你说"反正你就抄写名篇吧"。我不是说"写作
技巧"和"抄写名篇"毫无意义，只不过，比起"思考"和"准
备"而言，它们并没那么重要。

很多人一到写文章时就开始犯愁："写什么呢？""怎么写呢？"然后，还没确定目标就开始动笔，写了又涂，涂了又写……结果，只能写出连自己也不知所云的文章来。还有些人，则是不假思索就开始动笔，随心所欲，想到什么就写什么……然而，写出来的东西却不能打动读者。

我敢断言：

在开始动笔之前，文章是好是坏，十有八九就已经定了。

——充分"思考"和"准备"的，是好文章；不经任何思考，也不认真准备就开始动笔的，则一定是坏文章。

举一个例子吧。

比方说你和A先生初次见面，就觉得自己和对方似乎"很投缘"。有的人会下意识地（或有意识地）思考："我为什么会觉得和他这么投缘呢？"有的人则从不思考。——这两种人写出来的文章是大相径庭的。

为什么会这样呢？假设要写一篇关于A先生的介绍文，想明白"为何彼此投缘"的前一种人一定能写出有说服力的文章来，而没弄清"为何彼此投缘"的后一种人则不可能写出有说服力的文章来。

当然，"初次见面的印象"只是其中一个例子，各种场合莫不如此——去了某个地方，遇见某人，有过某种经历或体验，见到某个场景或某件事，接触到某件物品或享受某项服务……在这些种种场合下，能透过眼前现象看到本质的人，或者能去思考为什么自己会产生某种感觉或心情的人，就一定能写出好文章。

这就是由思考而拉开的差距。以此类推，无论什么时候，只要对事物坚持不懈地进行思考，就能逐渐提高写文章的能力。

在这本书中，我会具体讲解：要如何进行思考，或要做什么样的准备，才能写出"通俗易懂的文章""有说服力的文章""有深度的文章""吸引人（引人入胜）的文章"，同时，还会介绍一些训练"思考力"和"准备力"的有效方法。通过这些方法，各位也能像我一样，不动笔就能学会写文章。

说是训练，但基本上都不需要用到纸和笔，不需要用到别的工具。也就是说，不必动笔写文章，而在上班途中、吃饭时、洗澡时、散步时……无论何时何地都能轻轻松松地进行训练。其中还有很多小练习，只需要两三分钟的空闲时间就能做。因为不用实际动笔，所以平时怕写文章的人也能乐在其中。

只要在"思考"和"准备"上面多下功夫，你写的文章就会有明显的进步。

如果你是因工作关系而写文章，那么你将获得更丰硕的工作成果（会因此而提升），获得更多被周围人认可的机会；如果你是个学生，你写的报告和作文（论文）会获得老师的青睐，取得高分；当然，写一手好文章，对找工作也是很有帮助的。

还有，如果你在写博客或在其他自媒体上发文，就一定能收获更多追随而来的粉丝。另外，你用邮件或其他社交软件和别人交流时也能更融洽，而且还能通过写文章更好地推销你的商品和服务……好处说也说不完。

此外，还有意想不到的收获——"思考"和"准备"还能改变你的说话方式，让你在不知不觉之间提高自己的演讲能力、汇报能力、谈判能力。写作水平提高了，会让你自信心倍增。

现在，摆脱"写作低能（不会写文章小白、白痴）魔咒"的绝好机会就摆在你面前，请跟我一起来训练"不动笔就能学会写文章"的方法吧！

山口拓朗

第 1 章

全面提高写作能力的训练

1

写文章要"以读者为中心"

——赠送礼物的训练

你知道日本国内出版的汽车杂志总共有多少家吗?

单是定期发行的就有五十多家。

为什么会有这么多家汽车杂志呢?

我稍微改换一下问法吧。

这些汽车杂志的读者,究竟是些什么人呢?

你也许会回答说:"嗯……难道不是车迷和打算买车的人吗?"

——这个回答虽然不能算错,但遗憾的是,也并不全对。

汽车杂志的读者,有以下这些人:

正在研究是否买车的人、喜欢兜风的人、跑车爱好者、露营车爱好者、古董车爱好者、厢式轿车爱好者、小型汽车爱好者、四轮驱动车爱好者、卡车爱好者、巴士爱好者、对车的外观和内部装饰情有独钟的人、DIY爱好者（喜欢自己组装汽车的人）、对车库很讲究的人、飙车族（喜欢开快车的人）、汽车音响爱好者、赛车迷、环保车爱好者、奔驰车的车主、BMW的车主、MINI的车主、美系车的车主……

聪明的你大概已经发现了吧：这五十多家汽车杂志的读者其实是各不相同的。这个事实说明了什么问题呢，值得我们好好思考。

假如有哪家出版社接下来要创办一份面向"车迷"的杂志，那恐怕是卖不出去的，因为，"车迷"这个预设目标（读者）太模糊了。

正如刚才举这个汽车杂志读者的例子所示，虽然这一群体都叫"车迷"，但每个人的兴趣爱好和关注点截然不同，"跑车爱好者""小型汽车爱好者"和"赛车迷"的需求信息是不一样的。正因为如此，这五十多家汽车杂志才各有其商业价值，才有存在的必要。

我们在写文章时，和发行汽车杂志是同一个道理，**最关键的是要考虑写给谁看，即明确"读者定位"。**

假设Z先生要给小A写情书，直接照搬（复制粘贴）他三年前写给小B的情书，能行得通吗？显然是行不通的吧？！

为什么呢？因为读者是两个不同的人，从性格、价值观，到兴趣爱好、关注点、与Z先生之间的共同话题，都是不一样的。而且，小A和小B对Z先生的好感度、对Z先生的评价、兴趣和爱意，肯定也有所差异吧？！

所以，Z先生在写情书时，写给小A就要以小A为读者来写，写给小B就要以小B为读者来写，这才是正确的写文章的方法。在本书中，把写文章时考虑到对方立场的这种方式称为"以读者为中心"。

【以读者为中心的文章】贴近对方的立场和心情，容易获得预想中的效果。

【以作者为中心的文章】无视对方的立场和心情，很难获得预想中的效果。

我们的目标，当然是"以读者为中心的文章"。要写出"以读者为中心的文章"，有如下三个要点，无论哪一点，都必须先明确读者定位的问题。

【要点1】写读者想看的东西

【要点2】写读者感兴趣的东西

【要点3】尽量写得通俗易懂

如果是写情书，"以读者为中心"并不难做到，但写别的文章时，不知为什么会经常变成"以作者为中心"了。——这样的文章，全是些无视读者存在、只顾作者自我满足的文章。其实，文章并不是"写完就算完事"。如果真有"完事"的时候，那也是把文章的意思或信息传达给读者、如愿达到了"文章的目的"之后，才能算"完事"。

策划书、报告书、建议书、演示资料、传单、新闻通讯、电子杂志、博客、Facebook、小论文、论文、随笔、专栏……无论写哪种文章，都不能无视读者的存在。

有的人说："我这篇文章是面向不特定多数人而写的，没法设定读者范围。"其实，这只能说明他懒于思考读者定位而已。说得苛刻一些，所谓"面向不特定多数人而写"，其实无异于自己承认说"没人看也无所谓"。原因显而易见——就和面向"车迷"的杂志卖不出去是同一个道理。

以本书为例。本书的预设读者是谁呢？是职业作家？是希望成为职业作家的人，还是想进一步提高写作能力的人？——都不是。本书的读者，是"怕写文章的人"和"觉得自己不擅长写文章的人"。

所以，那些对自己的写作能力颇有信心的人也许会读不下去，觉得"没意思"，觉得"书里写的我全都知道"，也许会抱怨说"这书买亏了"。即便如此，我也根本不在乎，因为这本书的读者定位是"怕写文章的人"和"觉得自己不擅长写文章的人"。无法打动预设目标之外的读者，从某种意义上来说也是情理之中的吧。

商务文书也不例外。比如说演示资料——这份资料是做给谁看的呢？是营业部的部长，还是企划部的部长？又或者是公司董事或总经理？客户厂家的负责人？或者是用户？

即便同为部长，营业部部长和企划部部长所关注和需求的信息也有微妙差别，而且每个人的性格也不一样。所以，当然要根据对方来确定资料的内容和写法。

打个比方，你要向公司领导提交一份策划书，题目是：**"发挥当地优势"的创业项目的提议**。

公司领导会对你这份策划书感兴趣吗？应该是既有人感兴趣，也有人不感兴趣吧？！各人看法不同，但不能因此就说"反正各人看法不同，我只要按自己的想法写就行了"。相反，正因为各人看法不同，所以我们才需要进行分析应对。

话说回来，这份策划书的读者（公司领导）究竟属于哪一类型呢？

1. 注重成本的类型

2. 注重为社会做贡献的类型

3. 喜欢创新性事物的类型

4. 重视部下积极性的类型

5. 没有任何想法的类型

如果你的领导属于第5种类型，那么策划书写什么内容大概都无所谓吧？！但如果是其他4种类型，你就需要投其所好地采取相应的方法，以便得到领导的青睐。比方说：

对于1 注重成本的类型——加入数字，把成本、营业额和利润明确地显示出来；

对于2 注重为社会做贡献的类型——加入"盘活人口稀少地区"等社会效益的要素；

对于3 喜欢创新性事物的类型——强调项目的创新性、新颖度；

对于4 重视部下积极性的类型——表现出策划人的积极性和热情。

可见，所谓的读者定位，首先需要把握读者的兴趣和需求，这是"以读者为中心"进行写作的极其重要的一个环节。即便遇到"没有任何想法的类型"，你也并非束手无策。对于没有任何想法的人，你需要思考"如何才能引起对方的兴趣"——其实，这正是"以读者为中心"的文章的精髓所在。

了解读者兴趣和需求的写作者，就像知悉顾客烦恼的优秀推销员（销售人员）一样。也就是说，他能提供对方想要的东西、想知道的信息、想看的文章。可以说，这是一种最理想的状态。

以下这个"赠送礼物的训练"，对于培养写文章的"推销意识"很有帮助。

■ 赠送礼物的训练

"写文章"和"赠送礼物"非常相似。对方如果收到需要的东西，会非常高兴；但如果收到不需要的东西，反而会成为累赘。赠送礼物（写文章）的流程如下：

1. 了解对方（读者）属于哪种类型；
2. 了解对方（读者）的兴趣和需求；
3. 采取符合对方（读者）兴趣和需求的方法。

距今将近二十年前，我送过一个绿色的花瓶给当时的女朋友（即现在的妻子）。选择这个花瓶时，我并没有先了解她的兴趣和需求。

收到花瓶时，她脸上流露出复杂的表情，然后这么对我说道："阿拓（我的昵称），我以后还想和你继续交往下去，所以就直说吧……既然你要送我礼物，就应该送我需要的东西嘛。"她说得没错，呵呵。

送人礼物，结果还挨骂了，可见，当时我写的文章大概也是一团糟，自己随心所欲地乱写，还自鸣得意——这就是典型的"以作者为中心"。

想必大家每年都有好几次赠送礼物的机会，既然要送，就送对方喜欢的礼物吧。以下是很有实践性的"赠送礼物的训练"。

·如果对方喜欢泡咖啡馆→赠送星巴克的预付卡；

·如果对方喜欢读书→赠送对方一直想看的书；

·如果对方刚生了小孩→赠送符合对方喜好的婴儿用品；

·如果对方喜好喝日本酒→赠送有名的或珍贵的日本酒；

·如果对方注重养生→赠送对方还没使用过的健康产品；

·如果对方喜欢吃辣味→赠送罕见的超辣食品。

对方收到礼物时是否高兴，从他接过礼物的那一瞬间的反应就能看出来。真正发自内心的高兴，是和客套话稍有不同的——目光、表情、语言、手势、道谢方式……

要提高赠送礼物的水平，"假设"和"验证"这两点不可或缺。挑选礼物时，先假设"对方收到这件礼物会喜欢吧"，然后在赠送时，根据对方的反应进行"验证"，如果疏于验证，就永远都无法提高假设的准确度。只有被熟人、朋友、恋人、家人夸赞说"你真会送礼物"时，才说明你成为了此中高手。

当然，要了解对方的兴趣和需求，需要在平时有意识地和对方进行接触，若无其事地套问（发问）。闲聊的时候、用邮件交流的时候，其实都是调查研究的绝好时机。

了解对方的兴趣和需求之后，还可以在赠送方式上花点心思。——到底是先跟对方说声"我要送件～给你哦"，还是突然给对方一个惊喜，也是因人而异，要看对方喜欢哪一种方式。切忌不考虑对方兴趣和需求，赠送自己觉得好的礼物；切忌想当然地以为："对方一定会喜欢这样的赠送方式。"

除了赠送礼物之外，"向别人提供帮助""为别人效劳"的时候，也可以进行类似的训练。向对方提供他所需要的帮助，对方才会高兴，否则反而会变成帮倒忙。

事先充分了解对方的兴趣和需求是关键所在。向对方提供帮助之后，如果迟迟没见对方有什么反应，就需要自我反省一下："是不是哪里做得不妥？"这样才能有助于以后进行改善。

2

充分调动记忆，向外"输出"

——说和写的训练

"记忆力"和"写作能力"有着密不可分的关系，因为，写文章的过程中包含着从大脑调动记忆的环节。

大脑进行记忆时，当然需要输入各种信息，例如：体验、经验、感想、传闻、书、报纸、杂志、从网上获取的信息……这些全都属于"输入"。不过，"输入"不一定就等于"记住了"。

大脑的记忆功能分为两种：暂时保存的"短期记忆"，以及保存时间较长的"长期记忆"。大脑会从暂时保存在"短期记忆"中的信息里挑选出"应该记住的重要信息"，将其转移到"长期记忆"。

"长期记忆"是各人专用的"内置辞典"，每个人可以根据

需要，随时从这部辞典里调出相关信息。另一方面，没有转移到"长期记忆"去的信息（短期记忆）大多会在几个小时至几个月之间自然消失。

有的人可以充分利用"短期记忆"来写文章，例如记者和作家。但持续用这种方式写作是一项苦差事，要求你必须在采访现场写稿，而且一刻也不能停下来。所以，除了职业撰稿人之外，一般人应该加强的是"长期记忆"。

那么，怎样才能把信息从"短期记忆"转移到"长期记忆"呢？最有效的方法是：向外输出信息——"说"和"写"。

没错，所谓"输出"，其实就是自己"运用语言"。人在说和写的时候，一定会伴随着"1→2"的过程：

1. 理解信息；
2. 整理信息。

通过"理解信息→整理信息"的过程，"短期记忆"的信息就会转移到"长期记忆"去。在现实中，平时经常和别人聊天以及经常做笔记的人，能够从记忆中调取更多的信息量。因为，他们通过"说"和"写"，实现了"理解信息→整理信息"的过程。

如果不说也不写，"理解信息→整理信息"就无从做起，结果，信息只能停留在"短期记忆"，很快就消失了。

"说和写→输入→继续说和写→输入→继续说和写"

平时反复做这项训练的人，能够从大脑中调取更多的信息量，"长期记忆"也会变得更加牢固。

【形成"说和写"的习惯的人】

"长期记忆"量多→能够从大脑中调取的信息较多。

【没有形成"说和写"的习惯的人】

"长期记忆"量少→能够从大脑中调取的信息较少。

我想，你周围大概会有一两个可谓"万事通""学富五车""博学多识"之士。只要你仔细观察一下，就会发现他们一定是经常说、经常写，很善于向外输出的人。

相反，就算你每年读几百本书，就算你到处周游世界，如果不进行任何输出，就无法成为"博学之人"，因为信息没有从"短期记忆"转移到"长期记忆"。

我很喜欢看电影，每年会看一百多部。有意思的是，这些看过的电影会泾渭分明地分成两部分：有的记忆深刻，有的则没什么印象。这两者之间的区别，不在于电影本身是否"好看"，而在于我是否写过"影评"。

看完电影之后写影评，就会把相关信息（包括自己的观影心情和感想）从"短期记忆"转移到"长期记忆"。就算过几年后，仍然能从大脑中毫不费力地调取出这些信息。相反，如果没写影评，记忆就很模糊，有的甚至连故事梗概都忘掉了。

顺便一提的是，看书之后"抄写原文"的输出效果是很差的，因为抄写原文可以跳过前文提到的"理解信息→整理信息"过程。所以，如果要记录书中内容，尽量不要"抄写原文"，而是合上书本，先用大脑"理解信息→整理信息"，然后再用自己的话写下来。运用这种方法，就能把信息从"短期记忆"转移到"长期记忆"。

■ 说和写的训练

为了把信息从"短期记忆"转移到"长期记忆"，增加输出量的训练是非常有效的，最简单的方法就是"说和写的训练"——即增加"说"和"写"的机会。

·吃完午餐回到公司时，对同事说："地铁站旁边新开了一家意大利餐馆，价格超便宜。开胃菜、沙拉、汤、主菜和饮料，全部加起来才880日元，你下次也去试试看吧。"

·回到家里时，对老婆孩子说："刚才我在电车里见到一个怪人——那人躺在椅子上，而且竟然还枕着枕头，呵呵。不知道他为什么会随身带着枕头，真是太神奇了。"

·见到久违的朋友时，对他说："十二月份每天都过得匆匆忙忙的，真烦人。本来工作就忙，而且三天两头还有饭局。唉，每天都离不开胃药的关照咯。"

"对谁说"和"说什么"都无所谓，当然，如果有"（最近非写不可、一吐为快）很想尽快写下来的事情"或"平时经常写的事情"，则不妨以此为话题和素材，积极地诉说。

例如，当你准备为新创立的服装品牌写一篇广告文案时，就可以跟人说这个新品牌的目标人群、概念、特征和店面等。

当你准备写一篇关于"蔬菜的营养价值减少了"的博文时，就可以说一说具体的蔬菜种类、营养价值减少的原因、理想的食用方法等。

顺便提一下，比"说"更高层次的是"教"。想要指导别人，必须能迅速、准确地解答对方的提问和疑惑。也就是说，在为了教人而事先准备的过程中，"理解信息→整理信息"的处理能力得到了提高，"长期记忆"的量也急速增加。如果你在写专业性比较强的文章或某个特定领域的文章，不妨尝试一下以"教人的训练"来强化"长期记忆"。

而且，除了"说的训练"之外，我还建议大家同时做"写的训练"。在这项训练中，可以调动自己内部的情感、感觉、意见、想法等各种信息。不需要写得很完美，也不需要写长篇大论，只需用笔记本或智能手机积极地做记录即可，即使只有一分钟的空闲时间也能做这项训练。

- 刚看完的书有什么共鸣之处；
- 最近做了什么让别人开心的事；
- 最近做了什么被别人夸赞的事；
- 最近有什么让你捧腹大笑的事；
- 最近有什么让你感动的事；
- 最近有什么办砸了的事；
- 最近有什么恼火的事；
- 现在有什么烦恼；
- 现在想完成什么目标；
- 现在想拥有什么东西；
- 将来有什么目标；
- 想向别人推荐什么东西。

有的人会觉得："自己的心里话，不好意思对别人说。"但如果只是自己做做笔记，就不会有这种负担。通过把自己的内心想法写下来，就能强化"长期记忆"，使自己的意见和想法变得更加明确。

因为，在写的过程中，我们能加深思考。

如果你觉得"不了解自己"，觉得"自己的心情捉摸不透"，那么，这项"写的训练"一定会起到立竿见影的效果。因为，通过把信息从"短期记忆"转移到"长期记忆"，你就更容易从记忆中调取出"自己（自己的意见或价值观等）"，这也是一个重新认识自己的好机会。

3

多问自己，文章就会有质的飞跃

—— 自问自答的训练

我提个问题：你会经常和自己进行对话吗？

回答"会"的人，可能已经是个写文章的高手了，而回答"不会"的人，则很可能还没找到写文章的窍门。

不过，回答"不会"的人也不必担心。只要你掌握了下面这项"自问自答"之法，从今天起，你写的文章就会有质的飞跃。**所谓的"自问自答"，是指向自己"提问"，然后自己"回答"。其实，反复进行（持续不断的）"自问自答"，正是"写文章"这一行为的本质。**

人往往要过后才能发现"真正的价值"（后知后觉），例如，只有生病之后才能意识到"健康的可贵"，只有失去父母之后才能体会到"父母之恩"。

失败经历也同样如此。失败的时候，灰心丧气，难免会将失败视若瘟神。但过后回头一看，却发现："那次失败使自己得到了成长。"这样的例子也不在少数吧？！

我从前就职于风险企业时，也经历过无数次的失败——借用天气预报用语来说，就是"雨间晴"——失败间偶有成功。不过，我后来自己创业时，从前那些失败经历却很有帮助。

以上这几段文字，其实就是以连续"自问自答"的方式写成的。怎么个自问自答法呢？我们一起来看看实况转播吧：

自问：你现在想传达什么信息呢？（表达什么观点呢）

自答：人往往要过后才能发现"真正的价值"，我想传达这一信息（写这个观点）。

自问：好像挺有趣的嘛，能举出什么具体的例子吗？

自答：能举出几个，比方说，人只有生病之后才能意识到"健康的可贵"。

自问：确实如此，呵呵，还有别的例子吗？

自答：对于父母也一样吧，很多人直到失去父母之后才能体会到"父母之恩"。

自问：嗯，也许吧，除此之外还有别的例子吗？

自答：嗯……失败经历的例子如何？你很痛恨失败吧？呵呵。

自问：嗯，深恶痛绝，呵呵。

自答：不过，失败会成为促进成长的动力，这种事也不少吧？！

自问：确实，失败也有好的一面呢，你有过什么亲身体会吗？

自答：亲身体会？嗯……对了，我现在能成为企业经营者，应该归功于以前的失败经历。特别是我在风险企业上班时，曾经经历过无数次的失败……

自问：有这么夸张吗？

自答：唉，借用天气预报用语来说，就是"雨间晴"——失败间偶有成功。

自问：辛苦了，呵呵。

自答：不过，这些失败经历对现在却很有帮助。

自问：确实，失败会成为将来发展的动力。

写文章时，我会同时进行这样的自问自答。其实，这绝不是少数人的特别行为，每个人在写文章时都会这么做，只不过是自己没有意识到而已。

能够做出"回答"，是因为对自己"提问"。如果没有对自己提问，就不可能写出任何东西来，文章的内容（包括自己的意见和主张）是要通过对自己提问而引出来的。

如果你对自己的提问平淡无奇，那么你只能写出平淡无奇的东西；如果你对自己的提问含糊不清，那么你只能写出含糊不清的东西；如果你对自己的提问很肤浅（敷衍了事、马虎），那么你只能写出肤浅的东西。

反过来说，如果你想写得犀利一些，那就要对自己提出犀利的问题；如果你想写得具体一些，那就要对自己提出具体的问题；如果你想写得深刻一些，那就要对自己提出深刻的问题。

1. 电视应该会继续存在吧？！

自问：电视这种媒体会消亡吗？

2. 电视应该增加现场直播节目。最近的电视节目有"加工"过度之嫌，当然，电视节目的加工技术是增加吸引力的必备武器，但过度依赖这件武器就会比较危险——可能会导致真实性和刺激感缺失，观众的兴趣降低。

如果增加不依赖于加工技术的现场直播，也许就能重新拾回像从前一样精彩而刺激的电视节目。我一直觉得，现场直播的那种独特的临场感才是观众所追求的东西吧？

自问：电视这种媒体怎样才能重获魅力呢？

段落1是对"电视这种媒体会消亡吗"这个问题的回答。虽然问题本身并没有错，但世上大多数人都没觉得电视会立刻消亡吧？！所以，即便你聚焦于这个话题，也很难抓住读者的兴趣。

段落2则是在"电视会继续存在"的前提下提出问题："电视这种媒体怎样才能重获魅力呢？"要推导出答案并非易事，但正因为如此，回答才更有意义。如果能以此展开有趣的观点，那么读者也会觉得兴致盎然。

3. 吃得太快有危害。

自问：吃得太快好不好呢？

4. 吃得太快有危害，为什么呢？因为食物在口腔内没有被嚼碎，而且没有充分地混入唾液。大块而坚硬的食物进入体内后，会给消化器官带来很大的负担，结果导致消化器官的病变风险升高。

而且，大量食物在短时间内进入体内，血糖值会迅速上升。为了抑制血糖上升，胰脏会分泌出过量的胰岛素。胰岛素本来有分解和抑制脂肪细胞的作用，过量分泌后，就容易导致肥胖，也就是说，"吃得太快"正是导致肥胖的主要原因。

咀嚼的标准是每一口咀嚼三十次左右，最好要咀嚼到食物和唾液混在一起，形成粥状物的状态。

那么，怎么样才能改掉"吃得太快"的坏习惯呢？

用"一边吃一边数咀嚼次数"的方法就能解决。但吃得太快的人已经形成了坏习惯，还没数够次数就不由自主地吞咽下去。

在这里，我提个建议：每次把食物送进嘴里，就先把筷子放到桌上。放下筷子后，当然就无法吃下一口了，可以利用这个时间进行充分的咀嚼。

另外，还有很多方法可以防止吃得太快，例如：把食物切得大块一些，选用有嚼头的食物，增加食物种类，按顺序轮流吃，不要和水或汤一起吞咽下去……让我们注意养成这些好习惯吧。

自问1：吃得太快好不好呢？

自问2：为什么吃得太快不好呢？

自问3：怎么样才能改掉吃得太快的坏习惯呢？

段落3是对"吃得太快好不好呢"这个问题的回答，虽然问题问得不好，但"吃得太快有危害"的回答并没错。不过，这样一问一答就完事了，难免会写成肤浅的文章。

而段落4则在提出"吃得太快好不好呢（自问1）"这个问

题之后，又继续追问：“为什么吃得太快不好呢？（自问2）”“怎么样才能改掉吃得太快的坏习惯呢？（自问3）”以便使话题继续展开下去。不要只问一句就完事，而要自己尝试去推导出答案来。

当然，如果你不是医务人员或健康族，要解答“吃得太快”的危害及其预防对策也许并不简单。这时候，就需要通过图书或网络查阅相关的资料和文献。花费一番工夫得出来的答案，往往是比较有深度的。如果不进行“自问”，就不会努力去推导答案。这样固然比较轻松，但恐怕只能写出平淡无奇的文章来。

据说，日本人口减少的问题，已经到了刻不容缓需要解决的时候了。

为了解决人口减少的问题——也就是说，为了防止人口减少，你觉得应该采取什么有效的对策呢？

“接收移民”“对于生育和抚养孩子的政策支持”“对于生孩子后再就业的政策支持”“扩建幼儿园”……应该能想出很多对策吧。假设你现在准备写一篇主张“有必要接收移民”的文章，就要向自己提出“接收移民”的相关问题，例如：“每年应该接收多少移民呢？”“如果每年接收25万移民，50年后会变成什么样呢？”为了写出具有说服力的文章，必须回答自己提出的这些尖锐的问题。

　　写文章的过程，其实就是在反复进行"自问自答"，也就是说，文章的质量取决于"自问自答"。

　　如果你之前一直回避和自己进行对话，那么可以从容易回答的问题开始问起，等习惯了之后，再逐渐增加尖刻的问题。有时也需要化身为故意刁难人的记者，向自己提出难以回答的问题。如果你连那些刁钻（击中弱点）的问题也能立刻回答出来，就一定能写出有深度（魅力、张力、吸引人、令读者印象深刻）的文章来。

　　"自问"的时候，需要有一种"替读者提问"的意识，这点很重要，也就是说，替读者问他们想知道的事。如果能回答读者的问题，就意味着能写出读者想看的文章。相反，如果回答不上来，就不可能写出读者想看的文章。所以，请不要轻易放弃"自答"的努力。

　　当你养成替读者提问（发问）的习惯后，还能提高你的"预见、预知能力"——"写什么才能受读者欢迎呢？""写什么才能让读者接受呢？""写什么才能给读者带来惊喜呢？"写文章时，能经常体察读者的兴趣和需求，制订写文章的计划。

　　最后，稍稍回到我在前文提出的那个问题："为了解决人口减少的问题——也就是说，为了防止人口减少，你觉得应该采取什么有效的对策呢？"看到这句话时，头脑敏锐的读者也许会提出疑问："慢着，'解决人口减少的问题'不一定就等于'防止人口减少'哦！"也就是说，我提出的问题里其实含有误导的成分。

如果对事物和信息采取被动接受的态度，那么我们渐渐就问不出"为什么"了。这样肯定写不出真正深刻而犀利的文章来。

为了有效地发挥自问自答的作用，我们应该积极主动地对待事物和信息，有时还需要有一种从容思考的态度，停下脚步，说一句："慢着，让我想一想。"如果一开始的道路就走错了，后面无论如何反复进行自问自答，也不可能到达本质的终点。选择正确的道路，然后再反复进行自问自答——这个流程是很重要的。

▪ 自问自答的训练

如果想写关于自己昨天参加的马拉松比赛，那应该向自己提些什么问题呢？自问："跑完了吗？"自答："跑完了。"仅此而已，当然写不出什么有趣的文章来。

自己体验或经历了某件事后，多向自己发问（提问）——这就是"自问自答的训练",不用实际动笔写。不妨从各个角度发问,提出尽量多的问题。

- 比赛名称是什么?
- 跑了哪条路线?
- 跑了多少公里?
- 跑完了吗?
- 跑了多少时间(名次)?
- 开心吗?辛苦吗?
- 体力(速度)分配如何?
- 补充水分方面如何?
- 赛前训练了多久?
- 当天状态如何?
- 有限定时间吗?
- 沿路有观众加油吗?
- 冠军的成绩是多少时间?
- 为什么要参加比赛呢?
- 跑马拉松有什么好处?
- 其间发生了什么趣事吗?
- 周围有什么有意思的选手吗?

・明年还打算参加吗？

每提出一个问题，自己随时回答（自问自答在内心进行）。

有人直到自问"当天状态如何"时，才突然意识到："噢，那天因为有些睡眠不足所以一大早就昏昏沉沉的。"——这种"意识"（发现）其实正是自问自答的真正价值所在。无论你如何努力想写好，意识不到的事情终究是写不出来的。只有意识到，才能写出来。**"意识"能为我们拓展写文章的可能性。**

自问自答一番之后，再从中挑出颇有感触（令人触动、意外、心有戚戚）的回答，以向下挖掘的方式继续自问自答。

自问：开心吗？辛苦吗？

自答：前半程还挺开心的，后半程可就累坏了。

自问：怎么个累法呢？

自答：脚都向前迈不动了，最后五公里，那速度就跟走路差不多。

自问：为什么会这么累呢？

自答：忽略了体力分配，一开始跑得太快了，应该控制一下的。

自问：如果控制好会怎么样呢？

自答：估计就能按平稳的速度跑到终点，创造个人最好成绩吧。

自问：跑得这么吃力，还有别的原因吗？

自答：还稍微出现了脱水症状。

自问：没有补充水分吗？

自答：途中有一次经过供水站时忘了补水。

自问：以后要在哪些方面进行改善？

自答：比赛时应该更冷静一些才行。只要保持冷静，应该就能防止出现体力分配不当和忘记补水的问题。

以向下挖掘的方式继续自问自答，比较适合以下两种情况：想重点描述某件事，凭直觉感到"从这里挖掘可能会得出有趣的回答"。

首先进行横向拓展的自问自答，然后再进行纵向挖掘的自问自答。只要学会搭配运用这两种方法，就能丰富自己笔下的内容（无所不能）。

我们都来享受和自己的对话吧，看看自己究竟会提出什么样的问题，又会得到什么样的回答。

4

形成"习惯动作"，能提高专注力

——发现开关的训练

"现在请集中注意力！"

"现在请放松（注意力）！"

应该很少人能够按这样的要求随时做出反应、随心所欲地控制自己的注意力吧。

因为不够专注，写一封邮件也花了半个多钟头……

本来上午应该完成的报告书却一直拖到傍晚才写完……

写篇博客也花了一个多钟头……

你大概也有过类似的经历吧？要学会控制注意力，需要一定的训练。

据说，职业棒球运动员铃木一朗最厉害的地方，就在于每一场比赛都能最大限度地保持专注，投入比赛之中。

铃木一朗从走进球场那一刻起，直到比赛开始、比赛结束整个过程，都有自己的一套习惯动作——

先做屈伸运动，然后用球棒顶端按从左到右的顺序轻轻地敲一敲钉鞋。先迈左脚，踏入击球区。用钉鞋平整脚下的地面，然后把球棒从下往上抡一圈，面向投手，右手垂直地举起球棒，左手拈起制服肩部，轻轻地挽起袖子……

这就是铃木一朗走上击球区时的习惯动作，据说，这一连串动作的目的正是为了保持专注。习惯动作有助于保持专注，这是有科学根据的。注意力高度集中、能最大限度地进行发挥的精神状态，在心理学上被称为"ZONE"（区），而习惯动作正是引导自己进入"ZONE"的诱因。

所以，我们没理由不把习惯动作运用到写文章上。**如果能在注意力高度集中的状态下进行写作，那么自然就能提高文章的质量。**

·早上起床后散步三十分钟，回到家冲个澡，打开电脑，开始写文章。

·从离家最近的车站要坐二十五分钟才到公司，一坐上电车，就打开智能手机的备忘录功能，开始写文章。

·比上班时间提前一个钟头来到公司，一边喝着热咖啡，一边用十分钟时间浏览当天的早报。合上报纸后，打开电脑，开始写文章。

·下班回到家，吃晚饭，洗澡，然后径直钻进卧室，在床上打开笔记本电脑，开始写文章。

以上只是随便举些例子而已。重要的是，要和铃木一朗一样，把写文章这种行为和其前后的流程一起形成常规化。写文章的过程自不必说，最好是连开始动笔前的一连串习惯动作也每天固定下来。

不过，有人还是觉得比较难做到每天常规化吧。如果你属于这种类型，也可无视动笔前的流程，而为自己配备一个能瞬间集中注意力的简易"开关"。反复多次之后，一启动开关，就有助于提高专注力。

·用湿抹布擦桌子，然后开始写文章。

·呷一口热咖啡，然后开始写文章。

·播放固定的背景音乐，然后开始写文章。

·说一声"加油"！然后开始写文章。

·把手表摘下来搁在桌子上，然后开始写文章。

用什么作为开关，则因人而异。反正，自己觉得什么动作最有感觉，就用它来做开关吧。如果能像巴甫洛夫实验中的狗对铃声产生反应一样，[①] 启动开关就能条件反射式地集中注意力，则说明自己设置的开关是有效果的。

开关最好不要设得太难或太复杂，比如"用双手拍两下脸颊"这么简单的动作就行。

我自己在开始写文章前会进行三次腹式深呼吸，这一瞬间，开关就启动了。我以前就意识到自己写文章时呼吸会变短促，呼吸变短促，大脑的血液循环自然不太顺畅，写作状态也就随之变差了。我本来是为了改掉这个坏习惯才开始练习腹式呼吸的，想不到却成了提高专注力的开关。

铃木一朗站在击球区时，也习惯深深地呼出一口气，可见，把深呼吸作为开关也许颇为有效。你若有所领悟，不妨也试一下。

有时候，无论如何启动开关都没法保持专注，这是因为有"敌人"在妨碍我们集中注意力。写文章时，还需预先了解"敌情"。对于我来说，最大的敌人是"睡魔（瞌睡虫）"。当遭受睡

---

① 巴甫洛夫（1849—1936），苏联生理学家。他做过一个著名的实验：每次给狗喂食前先让其听铃声，多次反复后，狗形成了条件反射，只要一听到铃声就会分泌唾液。

魔侵袭时，无论如何启动开关都无法保持专注。有的人不惧"睡魔"，而最怕"饿肚子"；相反，也有人最怕"吃太饱"。有人最怕周围有人；相反，也有人最怕周围没人太安静。

对于自己来说，妨碍注意力集中的"敌人"是什么呢？分散注意力的"敌人"又是什么呢？——如果预先知悉，就能做到规避风险。

顺便提一句，当我遭受睡魔侵袭时，就会索性放下笔，痛痛快快地睡一觉（或打个盹儿）。因为，在注意力涣散的状态下，肯定写不出什么好文章来。与其勉强写一些拙劣（蹩脚的）文章，倒不如出去散散步。如果非写不可，也得先去趟厕所或打开窗吸一口新鲜空气，把妨碍注意力的"敌人"赶走再说。

另外，在防范"敌人"的同时，还需要提防"诱惑"——尤其是来自网络和电子邮件的诱惑。写文章的时候，必须采取"不打开浏览器（下线、断网）""不打开邮箱""把智能手机收进抽屉里"等措施来抵制诱惑。一定要记住：注意力一旦分散，是很难再恢复的。

如果被"敌人"和"诱惑"妨碍了注意力集中，好不容易形成的习惯动作也将变得毫无意义，所以我们需要采取适合自己的防范对策。

■ 发现开关的训练

你设定了什么样的开关来提高专注力呢？虽然也可以强制性地指定，但最好是能发现属于你自己的独特开关（认准它了）。发现开关的灵感，就在自己内心。你需要审视自己平时的生活，分析自己的倾向，找到容易使自己集中注意力的那一瞬间。

- 擦拭电脑键盘
- 擦拭眼镜
- 咀嚼口香糖（吃糖）
- 整理桌面
- 转动脖子

请回想一下，自己偶然间（不经意地）集中注意力的那一瞬间——当时，自己处于什么样的环境？带着什么样的情绪？做着什么样的动作呢？或许，你可以从当时自己的衣着、座椅、播放着的音乐中得到启发。或许，你还可以从注意力集中的时间段或身心状态中找到答案。

如果你有每天写作的习惯，那么除了设定开关之外，还需要考虑如何把写作前后一连串动作形成常规化。最好是每天都能做到的行为习惯，"起床→散步→洗澡→早餐→动笔"。如果确定这样的流程，那么至少要坚持一个月，努力形成身体记忆（让身体记住）。只要每天反复，形成了习惯动作，身体就会下意识地、自然而然地调动（活动）起来。

既然文章质量深受专注力的影响，那么我们就不能任其随意上下波动。如果自己能掌控注意力，写起文章来也会轻松很多吧?!

5

设定"截稿时间"，能提高写作速度

——设定最后期限的训练

还有一个提高专注力的方法，如果能和前文所说的"习惯动作"结合运用，将取得极其显著的效果。这个方法，就是"设定截稿时间"。

比如说，"接下来的二十分钟之内，你必须写出一篇关于××的稿件，否则就会造成业务损失。"——在这种状况下，你必须想方设法在二十分钟内完成。这二十分钟的专注力，肯定是非常高的。

当截稿时间迫近时，会超常发挥，如有神助——大家都有过类似的经历吧？！

作为一个写作资历长达十八年、一直靠写文章挣钱（为生）

的人，我也有过很多这样的经历。上午七点，一想到必须要在今天之内写完五篇为杂志供稿的文章，就觉得压力山大（难以完成的任务）。但根本无暇叫苦，便开始敲起键盘来，此时的专注力甚至连自己也感到吃惊。结果，我总能赶在当天23：59时把完成的稿件发送给第五位编辑。这种专注力究竟从何而来呢？连我自己都觉得不可思议。

当意识到"什么时候做都行"的时候，我们就很难紧张起来，注意力也无法集中。而且，如果离期限还有太多富余时间，许多人都会往后拖，直到最后期限迫近眉睫才开始动笔。值得一提的是，当我们挥霍完"富余"时间的那一瞬间，开关就会立刻启动，发挥出惊人的专注力。人的这种特性已经被脑科学所证明——即所谓的"Deadline Rush"（期限临近时的突然冲刺）。

刚才我在自己的经验之谈中提到：我总能赶在当天23：59时把完成的稿件发送给最后一位编辑。试想一下，如果截稿时间是23：30，又会怎么样呢？我会来不及吗？——答案是否定的。我一定会在23：29时把稿件发送出去。

也就是说，这种"最后冲刺"正说明了人具有"惰性"。

因此，如果想要提高专注力，强行设定截稿时间（即最后期限）是非常有效的。颇为有趣的是，设定截稿时间、在短时间内写成的文章，和不设截稿时间写出来的文章在质量上差别不大。不，应该说，在短时间内写成的文章的质量甚至会更高。这大概是因为，为了完成"严守截稿时间"的任务，平时处于休眠状态的潜能都被调动起来了吧。

▪ 设定最后期限的训练

无论你写什么文章，都一定要设定截稿时间。

设定的关键（诀窍）在于，自己先估计用多长时间能写完，然后再缩短20%左右，以此作为截稿时间。如果你估计1小时能写完，就设为50分钟；如果你估计30分钟能写完，就设为25分钟；如果你估计15分钟能写完，就设为12分钟……

如果只是在口头上随便说说的"截稿时间"，那就根本没什么效果。必须要严格设定，当作真正的最后期限——如果超过了期限就等着受死吧，呵呵。既然设定了期限，就无论如何都要按时完成。

如前文所述，人是有惰性的。在大多数情况下，当你估计"一小时能写完"的时候，很可能已经给这一个小时留出了富余时间，这就是为什么让你"缩短20%左右"的原因。当然，如果你想给自己增加压力，也可以"缩短30%"或"缩短50%"，设定更高的目标。

通过缩短截稿时间，使得大脑高速运转，全力向目标冲刺。反过来说，如果不设定截稿时间，大脑就无法高速运转，写文章的过程中就无法发挥出自己的潜能。

这项训练也能运用到写文章之外的其他场合。

· 把出门上班的准备时间缩短10分钟；

· 把看邮件的时间缩短15分钟；

· 把加班时间缩短30分钟；

· 把商品交货期提早1天；

· 把自己完成目标的时间提早1个月；

· 把自己实现梦想的时间提早1年。

设定更短的期限，将会极大地提高你的行动力和业务处理能力。一旦切身体验过"最后期限"的效果，你从此一定会时常求助于它的。

刚开始训练时，可能会出现无论如何也无法按时完成的情况。但你不必因此而灰心丧气，人是具有"适应能力"的。只要坚持不懈地进行挑战，按时完成目标的次数一定会逐渐增加，这种"更专注了，也写得更快了"的切身感受将会使你变得更加自信。

6

充实表达方式的弹药库

——列举近义词的训练

在无穷无尽的表达方式中，作者选择了哪一个呢？这过程体现了作者的写作才能和品位（感觉）。表达方式的装备库越充实，写文章就越游刃有余。使用哪种表达方式呢？需要从数量众多的备选项中选择最合适的一个。——文章就是在这样反复推敲的过程中写成的。

比方说，你坐在上班高峰期去往市区的车内，可以用什么词汇来描述这个场景呢？

·混杂不堪的车内；

·拥挤的车内；

· 杂乱无章的车内；

· 挤满了人的车内；

· 人多得无法动弹的车内；

· 乘客众多的车内；

· 塞得满满的车内；

· 挤挤挨挨的车内；

· 你推我搡的车内；

· 人满为患的车内；

· 吵吵嚷嚷的车内；

· 几乎被乘客挤爆（臃肿）的车内；

· 乘车率（上座率）超过200%的车内。

大概可以举出以上这些例子，也许你觉得"选择哪个都差不多"，但其实每个词语的意思和语感都是各不相同的。这些"细微的差别"叠加在一起，就足以改变文章的面貌。**只有根据具体状况、自己的切身感受、想传达的印象、这篇文章的目的等方面进行斟酌考虑，选择最合适的词语，才能写出打动人的文章。**

接下来，请想象一下你周围的"老实人"的形象，你会用什么词语来描述他呢?

- 老实的人

- 和蔼的人

- 文静的人

- 沉默寡言的人

- 不爱说话的人

- 稳重的人

- 忧郁的人

- 举止文雅的人

- 温和的人

- 温文尔雅的人

- 温柔的人

- 随和的人

- 我行我素的人

　　和前个例子一样，选用不同的表达方式，会给读者带来不同的印象，比方说，"沉默寡言的人"和"我行我素的人"这两种形象就截然不同。

　　写文章时，如果你把小A和小B都描述为"老实人"，那么读者就分不清这两人有什么区别，这样的文章显然缺乏传达力和表现力。就算读者抱怨说看得莫名其妙，你也无可辩驳。

① 突然，和也笑了。

大多数人会选用这样的表达方式来描写"笑"。当然，我不是说这个表达方式本身不行。不过，这得分两种情况：一种是作者从头脑中的几个备选项里选用"笑了"，另一种是作者只能想到"笑了"这个表达方式。这两种情况有天壤之别（云泥之别）。要想游刃有余地写文章，平时就需要先充实表达方式的装备库，为随时能自由"选择"而做好准备。

我们尝试用除了①之外的其他表达方式来描写"笑"吧。

② 突然，和也绽开了笑脸。
③ 突然，和也露出了雪白的牙齿。
④ 突然，和也露出了微笑。
⑤ 突然，和也的脸上泛起笑意。
⑥ 突然，和也抿嘴一笑。
⑦ 突然，和也笑容满面（喜笑颜开）。

除此之外，也许还有人想到其他一些独特的表达方式吧，例如："突然，和也的脸上洋溢着幸福的神色。""突然，和也的嘴里发出咯咯的愉快笑声。"当然，①至⑦各句的语感都有些微妙的区别，最终还须由作者自己选择理想的表达方式。

打扑克时，手上握着的王牌越多，赢的概率就越大，写文章也一样。所以，请事先攒足（准备好）可以成为王牌的各种表达方式吧。

■ 列举近义词的训练

要想充实表达方式的装备库，"列举近义词的训练"是非常有效的。所谓近义词，就是意思相近的词语。当你想到某一个词语时，就尝试列举它的近义词——既可以是千篇一律的词语，也可以是你自己的独特表达方式。

【列举近义词的训练　题目："精神饱满的人"】

·干脆利落的人、生气勃勃的人、开朗活泼的人、性格爽朗的人、爽快的人、快活的人、劲头十足的人、天真烂漫的人、无忧无虑的人、精力充沛（旺盛）的人、麻利的人、有活力的人、朝气蓬勃的人、风华正茂的人、积极的人、进取心强的人、豪爽的人、健康的人、乐观的人……

除此之外，还能列举出很多吧，确切地说，"积极的人""乐观的人"并不完全等同于"精神饱满的人"。不过，在这项训练中，只要词义相近就可以。因为这项训练的目的在于使头脑变得更灵活、丰富自己的表达方式，所以，不用管（不必判断）列举出来的近义词是好是坏，只需以玩游戏的心态一直进行下去即可。另外，如果把这些近义词说出来或写出来，还能强化"长期记忆"，可谓是一举两得。

　　大家可以挑战一下以下这些题目，多人一起玩，还能活跃气氛呢。

・聪明的人→机灵的人……

・直率的感情→真挚的感情……

・美丽的女人→光彩夺目的女人……

・安静的街道→冷清的街道……

・遥遥领先（压倒性优势）的成绩→突出的成绩……

・英勇的战士→勇猛的战士……

・令人不快的事情→令人厌恶的事情……

　　训练结束之后，可以确认一下列举出来的这些近义词，就当作是对答案吧。近来在网上有很多收集近义词的网站，训练结束后不妨上网查一查，一定能提高自己的词汇能力。

　　另外，如果你固定写某个方面的文章，我建议你可以集中强化这个方面的词语。比方说，如果你担任的是服饰方面的宣传工作，那么你可以尝试列举"精心打扮"的近义词——时髦、潇洒、雅致、优雅……不断增加这方面的词汇，在工作中写起文章来就能（派上用场）驾轻就熟。

　　当然，"读书"也是增加词汇量的有效方法之一。

　　杂志和书都是荟萃各种表达方式的宝库，一本杂志或一本书里，会出现很多"意思相同（相似）"而形式各异的表达方式。只要你读上几本关于同一领域的书，就一定能连锁式地掌握（收集）这个领域的词汇。

第 2 章

写出通俗易懂的文章的训练

7

要明确地提出结论，才能清楚、更好地传达
——确定尺度的训练

看了很久，却根本没看见结论是什么，真是急死人了（难免令人感到不耐烦、焦躁）……这种令人感到不耐烦（发急）的文章，想必大家都曾经碰到过吧？

"结论到底是什么呢？""作者到底想说什么呢？"一篇让读者看得云里雾里的文章，无疑是不合格的（宣判～死刑）。读者也许从此心生厌恶（厌倦、讨厌），发誓以后再也不看你（这个家伙）写的东西。如果你是商务人士（写的是商务方面的文章），说不定会给别人留下"工作能力差"的印象。

A方案利润率高，但会增加成本；B方案利润率低，但可以控制成本。两个方案都各有优缺点，令人难以抉择。我们需要

再研究一下，看哪个方案更适合这次的项目。

这段文字本身并没什么问题。将两个方案进行比较分析，觉得难以抉择——谁都遇到过这种情况吧？可是，如果每次都写这种模棱两可的文章，会让读者感到非常痛苦，感到很不耐烦（焦躁），恨不得让你随便选一个好了。

那你为什么老是写不出结论（不把结论写出来）呢？其实，你并不是写不出结论，而是得不出结论，进一步说，是你"没有思考"。

也许有人会辩解说："哪里哪里，我有思考的，但就是得不出结论，所以正在发愁嘛。"然而，如果你一直都得不出结论，我也只能认为你是"没有思考"了。

打个比方，你在餐馆里点菜时，觉得"又想吃这个，又想吃那个"，犹豫不决。最后，你会因此而说"还是定不下来（没法抉择），干脆不点算了"？肯定不会吧？！万一真的没想好点什么菜，那能算是"思考过了"吗？我认为是不能算的。

当然，我承认：为了推导出结论，仔细调查和比较各种信息是很重要的步骤。但如果最终得不出结论，那么你其实是在（做壁上观）袖手旁观而已。换言之，就是处于一种"置身事外"的意识状态。

　　关于"思考"，我们再进一步深入分析吧。为什么你"思考过了"却得不出结论呢？那是因为，你缺乏一把尺子——即（用来衡量事物的、选择）判断标准。

・点热量低的菜吧；
・点价格便宜的菜吧；
・点营养价值高的菜吧；
・点好评率高的菜吧；
・今天吃日本料理（或西餐、中餐）吧。

这些都可作为判断标准。

・点些别人很少吃的菜吧；
・点些以前没吃过的菜吧；
・点些自己不喜欢吃的菜吧。

这些当然也算是判断标准，虽然有点像在故意找别扭（跟自己过不去）、没事找事（有些古怪、乖僻）。

・凭直觉吧……

这也是判断标准。

无论是哪一种，只要有判断标准，就能得出结论。当然，我们遇到的很多问题，并不像在餐馆里点菜这么简单，甚至有一些牵涉到上千万巨资的商业项目，要决定采用A方案还是B方案又谈何容易？然而，如果没有判断标准，就永远得不出结论来。如果对判断标准感到模糊不清（不明确），需要先把它确定下来。只要确定了标准，接下来，就用它来进行判断即可。

有时候，会因为标准太多而无所适从，这时，则需要排列"优先顺序"。给各个标准确立了优先顺序的人，能立刻回答出为什么会得出某个结论。当然，写成文章时，也可以按"结论→原因"这样条理清晰的逻辑顺序。

① 经过讨论，这次的项目我们决定采用利润率高的A方案。
② 经过讨论，这次的项目我们决定采用控制成本的B方案。

和前文不同，①和②是有结论的文章。能写出这样的文章来，说明作者确立了某种判断标准——①的作者优先考虑"利润率"，而②的作者则优先考虑"成本"。

我看了影片《××》，说不清它好不好看（是否精彩、是赞是喷、好坏参半、褒贬不一）。

有多少人想读这种"说不清好不好看"的观后感呢？说得尖刻一点儿，从这篇观后感虽然看（体现）不出电影之优劣（好恶），但却能看出作者意识淡漠、缺乏"判断标准"。

我看了影片《××》，充分运用3D技术制作的动作场面十分惊险，看得我手心直冒汗，但在情感方面，却只是轻描淡写，缺少真情实感，以至于故事不够吸引人。

这段文字对影片的评价更加细化了，分为"动作场面——看得手心冒汗（好看）"和"情感方面——轻描淡写，缺乏真情实感（不好看）"这两方面来写，比起原文，判断标准变得明确了。当然，如果你觉得"电影只看动作场面"或是"电影以表达情感为主"，可以分别写成以下的③和④。

③ 我看了影片《××》，充分运用3D技术制作的动作场面十分惊险，看得我手心直冒汗，真是一部精彩的影片！

④ 我看了影片《××》，情感方面轻描淡写，缺少真情实感，以至于故事不够吸引人，真是一部无聊的影片。

虽然③和④的观后感截然相反，但无疑是作者按某个判断标准所写的文章。姑且不论是否能获得读者的同感，至少比起原先那篇"说不清好不好看"的平淡文章要好得多吧？！

■ 确定判断标准的训练

在日常生活中，我们有无数的机会需要做出判断。例如，我喜欢在咖啡馆里写东西，所以选择去哪家咖啡馆的时候，我几乎都是以"能不能在里面久坐"为判断标准。我选择咖啡馆的判断标准的优先顺序如下：

① 能在里面久坐；

② 设了吸烟区和禁烟区；

③ 不嘈杂；

④ 咖啡味道好；

⑤ 桌子宽；

⑥ 气氛明朗；

⑦ 咖啡价格便宜。

对于我来说，"①能在里面久坐"是最重要的判断标准，即使价格有些贵，即使气氛有些压抑，即使桌子比较窄，只要能在里面久坐，我都会做出判断："就选这家吧。"相反，如果是不能在里面久坐的咖啡馆，一般情况下我都不会进去。

假设你处于以下状况，会使用什么标准来推导出结论呢？我们一起来试试这项"确定判断标准的训练"吧。

【确定判断标准的训练　题目"如果你打算跳槽，会按什么标准选择下家呢"？】

·公司的业绩、公司的规模、公司的知名度、公司的发展前景、公司的理念、业务内容、老板或上司的个人魅力（经营者或领导），和自己的职业规划的符合度、薪酬、加薪条件、晋升条件、福利、休假制度、职场氛围（公司的风气）、同事之间的人际关系、周围的评价、工作地点、有无工作调动、能否做自己喜欢的工作、能否实现工作和生活的平衡……

除此之外，你可能还有别的判断标准吧？！备选的标准多多益善。列举出各项标准之后，再确定优先顺序。例如：

优先顺序①：能否做自己喜欢的工作；

优先顺序②：薪酬；

优先顺序③：职场氛围（公司的风气）。

如果某一家公司完全符合前三个判断标准，那么对于你来说，这家公司应该是比较理想的去处了。请容我再重复一遍：**首先需要有"判断标准"。如果没有标准，就无法做出判断。即便在没有标准的状况下做出了判断，那也是缺乏根据的判断，**无异于（其实就等同于）"不经大脑（没经过思考、不假思索）"就决定了下家，这和按判断标准做出的决定是不可同日而语的。我们要明白：不按标准做出的判断会有很大的风险。

我们再来试试看以下这些题目吧，先列举出各项判断标准，然后再确定优先顺序。

·如果你要一个人外出旅行，打算去哪里呢？→有很多世界遗产的国家，能现场观看职业足球联赛的国家……

·如果你要移居国外，打算去哪里呢？→国际避税地。年平均气温在20度左右的国家，使用英语的国家……

·如果你要在周末做兼职，理想条件是什么呢？→工作时间在五个钟头以内，可以坐着、不费体力的工作……

·如果你要找对象，希望对方是什么样的人呢？→爱干净的人，彼此年龄相差在五岁以内……

在列举各项判断标准的过程中，有时会忽然意识到自己的价值观："咦，原来自己的判断标准竟然是这样的呀。"

其实，这项训练还有一个潜在目的——"认识自己"。反过来说，如果你不假思索地回答："一个人外出旅行，当然是去法国嘛！"就说明你已经有自己的判断标准。

除了有意识的训练之外，当日常生活中需要做出某种判断或选择时，我们也要尽可能迅速地按照这个流程进行："列举出各项判断标准→确定优先顺序→得出结论。" 当你把这个流程形成常规习惯（习以为常）的时候，就一定能写出结论鲜明的文章来。

8

冗长的文章不会有人看
——把文章删减一半的训练

有一部分人写文章有个坏毛病（习惯）：

只顾自己没完没了地写自己想写的东西。

结果，很可能会把文章写得十分冗长。"冗长"是指废话很多，长而且乏味。"冗长的文章"通常都晦涩难懂，让人很难读进去。废话连篇会成为阅读时的"障碍"，作者总以为："大家都会把我的文章看完的吧。"这其实是大错特错的。

"世界上没有一个人想看这篇文章。"

这不是危言耸听。在写文章时，需要设立这么一个严峻的前提。只有这样，我们才能"站在读者的立场（以～为中心、设身处地）"考虑：既然没人想看，那自己要怎么写才能使读者产生兴趣呢？这样，自然就会意识到冗长的文章的"危害性"。

我们所追求的，是"冗长"的反面——没有废话的、简洁的文章。

不过，简洁的文章可不是你想写就能随便写出来的，即使自己意识到这个问题，也经常会不由自主地堆砌许多废话进去。对此，我建议采取这样的方法：写完文章后，再从头过一遍，把其中的废话（多余的文字）删掉。

这个方法，我美其名曰："热情地下笔，冷静地下刀。"玉石要经过琢磨才能变成美玉，同样，文章也要经过琢磨才能变成美文佳作。

写文章时，最好要一气呵成，不必过分拘泥于细节——所谓"热情地下笔"就是这个意思。写完之后，等发热的头脑冷静下来，再进行修改——这就是"冷静地下刀"，这当中自然包括了"删减"的工序。

在高度经济增长时期逐渐形成的终身雇佣制度和论资排辈体系已然解体的今天，我决心斗胆提出一个严肃的忠告：将自己的生活完全寄托于某家公司是很危险的，即便你已经在其中工作多年（即使多年以来一直就职于某家公司）。为防万一，需要先解开（挣脱掉）依赖的"枷锁"。如今，有很多人突然被公司裁员，而再就业又一筹莫展，以至于生活没有着落。对公司的长期依赖，导致了自身生命力逐渐衰弱，而且还断送了自己的潜力和未来发展的可能性。对于这个问题，社会上肯定有各种不同的意见，我的观点也可能会受到许多批评，但我还是坚持自己的看法。

这段文章的意思，大家应该都看得懂吧，逻辑自身也说得通。但观点是否清晰明了呢？回答大概是否定的吧？！虽然似乎"大体上"能理解意思，但却很难抓住重点，就像不得要领的老师所写的又臭又长的板书一样。

现在，我们就来试着删掉其中的废话吧。

我斗胆提议：在终身雇佣制度和论资排辈体系已然解体的今天，将自己的生活完全寄托于某家公司是很危险的。对公司的长期依赖，导致了自身生命力逐渐衰弱，而且还断送了自己的潜力和未来发展的可能性。为防万一，需要先解开依赖的"枷锁"。

篇幅变成了原文的一半不到。删减之后，会有什么效果呢？
——能突出你想表达的信息，而且，对于读者来说，这样的文章好读易懂。正可谓一举两得，甚至是一举多得。

兼任A项目负责人的铃木部长，从去年年底开始日程就安排得紧张繁忙，抽不出时间去视察前几天重新开工的、在泰国开设的工场，所以，他时常使用随身携带的平板电脑，用邮件和当地的员工进行业务联系。

"冷静"地修改一下这段文章，如下：

铃木部长的日程安排得紧张繁忙，抽不出时间去视察在泰国开设的工场，所以，他时常用邮件和当地的员工进行业务联系。

从原文删除掉不需要的信息之后，变得简洁易懂、重点突出。

"冷静地下刀"必须遵循一条规则：尽量删除掉和自己想传达的信息关联性较弱的信息。

当然，如果你非要传达某一点，也可酌情保留"兼任A项目负责人""前几天重新开工"或"使用平板电脑"等信息。删掉什么，保留什么，要根据信息的优先顺序而定。

为什么会出现原文这种"冗长的文章"呢？这是因为写完没有修改，没有删除掉多余的信息。"热情地下笔"固然重要，而"冷静地下刀"也是同样重要的。

大多数职业作家和撰稿人也是如此，会对写完的文章进行修改，删除掉多余的信息。因为他们凭经验知道，文章中如果废话太多，读起来就很费劲（觉得很吃力）。没用的信息旁逸斜出，难免会冲淡（妨碍）读者对重要信息的关注度（时而被没用的信息牵着走，重要的信息也就容易被忽略了）。

我好歹也算是个职业撰稿人吧，如果有人问我："对于写文章来说，什么是最重要的呢？（有什么诀窍？）"我一定会把"仔细推敲，删减废话"列入前三项之中。在实际写作时，我确实也花了许多力气在"删"的流程上，甚至比"写"更费功夫。

电影、电视剧、纪录片、视频节目也一样，精彩有趣的内容，必定是经过了精心编辑制作——也就是说，删去了多余部分，使得节目简洁而紧凑。可见，冗长乏味的东西，总是不受欢迎，不独文章如此。

■ 把文章删减一半的训练

写文章这种行为，其实就是整理信息并将其形成文字的过程。如果擅于整理信息，就能清晰明了地传达重要的信息。相反，如果疏于整理信息，则会让读者分辨不清哪些才是真正重要的信息。

在这里，我推荐一项"把文章删减一半的训练"。随便看见某篇文章，就可以立刻开始训练——在头脑里把这篇文章的内容删减掉一半。

比方说博客里有这么一篇短文：

前几天，我这个懒人穿上在电视里宣传得很火的服装店购买的心爱的连衣裙，去了以前在公司上班时经常光顾的青山区的法国餐馆旁边新开的一家美甲店。

把这篇短文删减一大半：

前几天，我穿上心爱的连衣裙，去了青山区的一家美甲店。

要给别人写的文章里的信息排优先顺序也许不太容易，但作为训练，按照自己的判断标准即可。"如果是我写，会写得特别简洁！"——就以这种心情（意识）尽情删减吧。

如果你认为："删成这样似乎太单薄了，再增加点儿信息为好。"则不妨补充些必要的信息进去。

前几天，我穿上在电视里宣传得很火的服装店购买的心爱的连衣裙，去了一家美甲店。

前几天，我穿上心爱的连衣裙，去了青山区一家新开的美甲店。

既可以保留"在电视里宣传得很火的服装店购买的"，修改成前一句；也可以保留"青山区一家新开的"，修改成后一句。

整理房间的时候，假如设定一个条件："必须扔掉房间里的一半东西。"那么你会先扔掉什么东西呢？估计大家都会先扔掉"不需要的东西"，而不会先扔掉"重要的东西"和"需要的东西"吧。

"把文章删减一半的训练"也能起到同样的效果。**通过半强制性地整理信息，最后剩下的就是"重要的东西"和"需要的东西"了。**

如果不扔掉（整理）房间里的废物，会给自己添乱（使自己深受困扰）。如果不删除文章里的废话，则会给读者增加负担和麻烦。"文章到底是属于作者还是读者的？"我不想问这种类似于禅机问答式的问题。不过，可以确定的是，文章不仅仅是属于"作者"的，还有一半甚至一大半是属于"读者"的吧?！所以，不能自己想写什么就写什么、想怎么写就怎么写。

当然，在实际训练中也会碰到有的文章只能删掉30%至40%，甚至是10%（越简洁的文章越难删减）。但重要的是，首先要去思考这个问题："如果让我删减一半，要删掉哪些内容呢？"通过思考，可以训练我们对于信息重要程度的判断力。

9

一定要具体化

——"抽象→具体"的训练

一定要具体化，做到这一点，就能提高写作能力，因为"语言"本身就是"抽象"而"含糊不清"的。

爱、友情、青春、治愈、哲学、温柔、憎恶、有机的、应用、人生、梦想、智慧、欲望、怜悯、喜悦、健康、信念、信赖、确信、认真、努力、说谎、教育、使命、允许、耻辱、希望、成长、接受、堕落、欣喜、期待、紧张、幸福……

如果让一百个人来解释这些词语，肯定会得出一百种各不相同的结果吧？！

乍一看，语言似乎是以"共同认识"为基础，但遗憾的是，其中许多词语其实只是建立于"自行解释"的基础之上。

以"负责"一词为例：对于A来说是指"低头道歉"，对于B来说是指"引咎辞职"，而对于C来说却意味着"支付赔偿金"……这样的例子简直不计其数。

又如，我们平时经常使用"爱"这个字，但遗憾的是，仅仅用一个"爱"字并不能传达出作者的本意，因为作者所理解的"爱"和读者心目中的"爱"并不是同一个东西（同一回事）。有人认为："所谓爱，是指在任何困境下都要保护对方的自我牺牲精神。"有人则认为："所谓爱，是指故意伤害对方以让（教会）其学会人生道理的一种手段。"你只有具体地写出来，才能把自己所理解的"爱"传达给读者。

写出"通俗易懂的文章"的第一步，是把语言具体化，如果不具体化，就无法消除作者和读者之间的理解差异。如果你希望自己写的东西能被别人理解，就应该摒弃"以作者为中心"的意识。

① 这小孩（阿大）学习很好。

② 这小孩学习很好，连续三年在全国模拟考中排名前十。

看到这两句话时，当然是觉得②更容易理解吧？！因为①"学习很好"太抽象了，而②"连续三年在全国模拟考中排名前十"则比较具体。

经常写抽象的文章，不知不觉中就会吃大亏（陷于不利）。因为语言太抽象，读者就很难理解。比方说，当我们听到"学习很好"时，大概只能产生"这小孩很聪明"的模糊印象吧？！相反，"连续三年在全国模拟考中排名前十"却很容易理解，瞬间就能让人产生"学霸"的具体印象，而没有任何自行脑补（自由发挥）的余地。

村田，明天参加会议的人数有所增加，你多打印几份资料吧。另外，听说佐藤专务董事的日程安排得很紧密（排满了），所以明天的会议要比平时提早一些结束，会议主持就拜托你了。

村田收到上司发来的这封邮件时，头脑中肯定会冒出许多问号吧：“有所增加”是指增加了多少人呢？“多打印几份”是指打印多少份呢？“比平时提早一些”又是指提早多少时间呢？像这样，在业务联络邮件中使用“有所”“多几份”“提早一些”等抽象词语，难免会给对方造成负担。当然，出错和产生混乱的概率也会大增。

那如果改成以下这封具体的邮件，效果又如何呢？

村田，明天参加会议的人数增加了5个人，你总共打印12份策划书资料吧。另外，听说佐藤专务董事的日程安排得很紧密，所以明天的会议要在15：30前结束，会议主持就拜托你了。

加入"5个人""总共打印12份""15：30"这样的具体数据之后，对方看邮件时就不至于感到困惑了。除了打印相应份数的资料之外，还知道要在几点前结束会议，这样就能预先考虑如何安排会议流程时间。

部下工作时考虑得更周全，上司自然也从中受惠。所以，把文章写得具体化，就不会给别人造成负担（添麻烦），最终如愿以偿地达成最理想的结果。

抽象的语句：敝公司受委托进行管理运营的A公司网站（主页），浏览量直线上升，访客数量也急剧增加。

具体的语句：敝公司受委托进行管理运营的半年以来，A公司网站（主页）的浏览量从每月3千人次上升为每月3万人次，访客数量也达到平均每天100人，是原来的3倍。

抽象的语句：还差一些票数才能获得多数赞成。

具体的语句：还差十五票才能获得多数赞成。

抽象的语句：每天保证充足的睡眠时间。

具体的语句：每天保证七小时的睡眠时间。

抽象的语句：从车站到展览馆有一定距离。

具体的语句：从车站到展览馆大约两公里，步行要二十五分钟。

抽象的语句：目标对象是积极主动的年轻女性。

具体的语句：目标对象是对工作、业余爱好、恋爱都表现得积极主动的二十多岁的女性。

抽象的语句：要重振业绩，还需要一点时间。

具体的语句：要重振业绩，至少还需要半年时间。

抽象的语句：希望能早一点收到您的稿件。

具体的语句：希望能在下周的星期四中午前收到您的稿件。

以上的例子，都是后一个"具体的语句"更容易理解吧？！这种"易懂性"，正是把语言具体化的益处。

最后，请容我再不厌其烦地重复一遍此章节的开篇之句：

"总之要具体化。"

如果你想成为写作高手（文章达人），一定要掌握这个写文章的基本原则。

■ "抽象→具体"的训练

为了写出具体化的文章，我们平时就需要尽量避免使用抽象的词语，"抽象的词语"基本上就等同于"意思含糊不清的词语"。

【抽象的词语的例子】

· 暂时、很、相当、颇为、非常、某种程度上、比较、真、十分、甚、特别、满是、多数的、大量的、众多的、丰富的、丰盛的、充分地、异常地、极端地、极其、格外、显著、太、分外、有时、偶尔、不久、频繁地、经常、多多少少、一点儿、略微、急剧地、稍微、大约、一个劲地、相应的、凑合、过分地、明显地、立刻、早早地、某种程度、适当地、适度地、平常地、渐渐地……

为了做到尽量不使用抽象词语，"抽象→具体"的替换训练是非常有效的。如果能在开口之前就完成替换，那当然是再好不过。但在会话中，有时会不由自主地说一些抽象词语出来。这时，不妨在说出抽象词语之后立刻补充具体的解释。

例如，当你说出"还要再加一会儿班吧"的瞬间，如果忽然意识到可以说得更具体时，就可以立刻补充一句："还要一个钟头左右才能做完。"

当你说出"人数非常多"的瞬间，可以立刻补充一句："据说现场聚集了一千多名狂热的歌迷。"

在"具体的词语"当中，尤其值得重视的是"数字"和"专有名词"。可以说，"数字"和"专有名词"是具体性的极致，如果可能，请积极地加以运用。

· "我很久没见过中村了。"→补充："大概有五年多了吧。"

· "他是个大帅哥。"→补充："长得很像演员佐藤健。"

· "他偶尔会打电话过来。"→补充："一年两三次吧。"

· "悉尼比想象中的要热。"→补充："连日超过30度。"

· "这橘子也太大了，简直吓人。"→补充："乍一看，我还以为是个橙色的甜瓜呢。"

· "兼职打工？还挺常去的。"→补充："每周去三次吧。"

· "让我等了好长时间啊。"→补充："刚好一个钟头吧。"

·"那碟炒饭的分量多得很。"→补充："应该有三大碗吧。"

当这项训练形成习惯之后，你就能逐渐减少使用含糊不清的词语，而代之以具体的表达方式。也就是说，大脑会变成自然而然地运用"具体的词语"。

当然，如果是写文章，就不必像会话中这样着急（紧张）。当你意识到使用了抽象词语时，既可以替换成具体的词语，也可以用"抽象词语+具体说明"的搭配方式。

尤其在注重效率和明确性的商务场合中，抽象词语更是被敬而远之（不招人待见），因为有可能会造成错误或误解、引起纠纷。作为社会中的一员，如果你想获得周围的信赖和认可（有志成为一名深受周围信赖和好评的社会人），就要努力成为"会用具体词语写文章"——即"能写出通俗易懂的文章"的人。

10

与读者形成共识

——简单明了地说明的训练

前文我提到了"对于词语的解释因人而异"。

接下来，我会再进一步说明如何把"含糊不清的文章"和"定义不明确的专门术语"解释清楚。

① 我想就职于值得信赖的公司。

这个例句中的"值得信赖"是什么意思呢？意思含糊不清，读者的理解也各不相同吧？！话说回来，本来就没人愿意在"不值得信赖的公司"里工作嘛。所以，"我想就职于值得信赖的公司"无异于废话，缺乏信息的有用性。为了准确地传达信息，需要对"值得信赖"这个词进行简明易懂的解释。

② 我想就职于真诚关心员工生活的公司。

③ 我想就职于受顾客喜爱的公司。

④ 我想就职于成立十年以上的公司。

⑤ 我想就职于知名度高（有名、出名、名气大）的公司。

⑥ 我想就职于最近五年一直盈利的公司。

②至⑥都是对于①"值得信赖"一词的解释。比起①来，意思明确了很多，所以更容易让人明白。当然，②"真诚关心员工生活"、③"受顾客喜爱"、⑤"知名度高"这些词语也可能有含糊不清之嫌——怎样才算"真诚"？怎样才算"喜爱"？怎样才算"知名度高"？深究起来就没完没了了。

所以，解释到什么程度（层面）为止，需要作者本人根据这篇文章的目的和读者的认知水平进行判断。

⑦ 我们来打磨一下这个策划方案吧（打磨、增色、出彩、研讨、brush up）。

⑧ 我们来完善一下这个策划方案吧。

对⑦的"打磨"进行解释，就成了⑧。如果不明白或理解错"打磨"，就无法理解⑦整句话的意思。也就是说，按⑦的写法可能无法将意思传达给读者。

现实中，有很多难懂（费解）的专业用语和商务用语，例如：分派任务、议题、创业家、商品、方法、阶段、证据、转化率、担当、解决、布道官、用户模型、变革性的、资源整合、授权、议事日程、经营决策、缓冲、摘要、优先权、替代方案……①

这些用语，读者到底能否真正理解呢？也就是说，在多大程度上能与读者形成共识呢？这个问题值得思考。

例如，在商务场合中，"commitment"这个词语的使用频率很高，但它的词义很丰富，能全部正确理解的人寥寥可数。

·在两周内争取签下三份合同，这是我的commitment。

→在两周内争取签下三份合同，这是我的保证（承诺）。

·我得到了两百卷货物订单的commitment。

→我得到了两百卷货物订单的许诺。

---

① 在原书中，以上词例全以外来语形式出现，特指商务或IT等方面的专门用语。

·敝公司正在探索如何承担建设人口稀少地区的commitment。

→敝公司正在探索如何承担建设人口稀少地区的责任。

读者即便不明白"commitment"是什么意思，通过后一句通俗易懂的表达方式，也能顺利地理解句子意思。**写文章时，如果能意识到如何与读者"形成共识"，就说明你有资质写出通俗易懂的文章来。**

■ 简明易懂地解释（简单明了、简明扼要）的训练

如果要在文章中使用专业术语和商务用语，首先必须正确理解这些词语的意思。在这基础上，如果懂得如何把术语替换成其他词语，就能写出更通俗易懂的文章来。

比方说你要使用"potential（潜力）"这个词，首先要知道"potential"是"潜在的能力"的意思。在这基础上，如果你能解释为"potential是指某个人可能潜藏着的能力"就更理想了。只要你学会简明易懂地解释，就能把事情说清楚，让每个读者都能看明白。

为了加强"说明能力"，我向各位推荐"简洁明了（简明易懂）地解释的训练"。做法很简单，例如，对"海"进行说明

时不要用到"海"字，对"河"进行说明时不要用到"河"字。以下举几个例子。

- 海：占地球表面70%的凹陷地带里填满的盐水。
- 河：从高山淌过大地、流向大海的水流。
- 桌子：有脚的台面，可用于写字、读书、打电脑、吃饭等。
- 水田：用来种稻子的、有水的室外栽培场地。
- 过山车：设在游乐场里的电动列车游乐设施，在高低起伏、急转弯、垂直旋转的轨道上高速行驶。
- 吃：把食物放进嘴里、咀嚼之后从喉咙吞下胃里的行为。
- 睡觉：一般来说，是指在夜间躺卧身体、闭上眼睛的行为，其间会进入失去意识的状态。

在训练中避免使用原词，这样可以逐渐增强自己的说明能力。至于表达方式，既可以运用"淌过大地"这种视觉化的手法，也可以像"咀嚼之后从喉咙吞下胃里"按先后顺序描述，关键是要让中学生也能看得懂。当你能够灵活自如地对事物进行说明时，那么你的说明能力肯定已经上了一个台阶（突飞猛进）。

进行说明训练时，没必要和词典里的解释完全一样，重要的是自己思考、用自己的语言进行说明。当然，过后查词典确认一下，也并无不可。

　　至于训练的题目嘛，我们身边多得是——车站、便利店、红绿灯、自行车、人行天桥、隧道、药店、晚霞、走、骂、扔、打……反倒是要找一个无法说明的词语更难。这项训练，尤其适合用于在上班途中、上学途中打发时间。

11

准确地描述事物和传达信息
——比较&设定范围的训练

今天的最高气温是18℃。

看到这句话时，大概有很多人会觉得："今天好凉快啊。"但如果昨天的最高气温是12℃，你又会怎么觉得呢？大概会觉得"今天好暖和"吧。也就是说，仅从"气温18℃"是不能判断"冷"还是"热"的，只有找到比较对象才能说"冷""热""暖""凉"。

如果没有比较对象，"18℃"就只能表示18℃，而不包含"冷"或"热"的信息。也就是说，对气温的评价不是"绝对的"，而是"相对的"。

又如，在职业棒球比赛中，投手投出的球速是140千米——

算"快"还是"慢"呢？这和气温是同个道理，无法判断。对于平均球速在145千米左右的投手来说，140千米算"慢"的；而对于平均球速在135千米左右的投手来说，140千米却算"快"。球速也不是"绝对的"，而是"相对的"。

这个道理适用于所有事物：性格是开朗还是忧郁，经济状况是好是坏，成绩是好是坏，干劲十足还是干劲不足，有钱还是没钱……其中的分界线到底在哪里呢？

没错，原本就不存在什么分界线，因此，如果没有比较对象，就无法对事物做出评价。

①我们公司今年的业绩还算好。

②我们公司今年的业绩比有史以来最差的去年要好。

①句中没有列出比较对象。②句中列出了比较对象（有史以来最差的去年），所以意思更明确，也更容易理解，实际上还传达出"今年业绩也并不是太好"的含义。而①句中的"好"到底好到什么程度，却全凭读者自行想象，所以有可能会造成误解。

③ 买本票①划算。

④ 比起全年票，还是买本票划算。

③句中的"划算"感觉比较模糊，而④句中明确了比较对象，让读者更容易理解。

⑤ 我喜欢吃日本料理。

⑥ 比起中餐，我更喜欢吃日本料理。

⑤句难免会让读者误以为"很喜欢吃日本料理"。看了⑥句，才知道并不是"很喜欢"，而只是"比中餐喜欢"而已。

为了清晰明了地传达意思，除了明确比较对象之外，还有另一个方法：设定范围。

⑦ 我们公司今年的业绩还算好。

⑧ 我们公司今年的业绩在服装行业还算好。

⑧句设定了"在服装行业"的范围，这样就比⑦句更明确，

---

① 本票：日语中叫作"回数券"，把多张车票或入场券装订成一本，用一次撕一张，购买时有一定折扣。

更容易理解"业绩好"的程度。

⑨ 他的技术还不行。

⑩ 作为专业选手来说，他的技术还不行。

⑨和⑩这两句话给读者的印象大不相同：⑨感觉是"业余水平"，而⑩则感觉是"专业水平，但还不算高手"。如果真的是"专业水平，但还不算高手"，但却被写成⑨，就有可能造成误解。在⑩句中，设定了"专业选手"的范围，关于技术水平的描述就会更加明确。

⑪ 铃木得到了大家的认可。

⑫ 作为广告制作人，铃木得到了大家的认可。

⑪可以理解为大家对他这个人的整体评价，而⑫却把评价范围限定在"作为广告制作人"，把其他方面排除在评价对象之外，并不是对他这个人的整体评价。

⑬ 最好是去温哥华留学。

⑭ 要想学会英语，最好是去温哥华留学。

从⑬看不出去温哥华留学的好处，而⑭把范围限定在"要想学会英语"，以此显示出去温哥华留学的好处。

你如果以为孤立地描述事物本身就能把信息传达给读者，那就大错特错了。如前文所述，大多数事物都是"相对而言的"。在这种情况下，如果不明确比较对象或设定范围，就无法传达信息，甚至还可能造成误解。如果你想准确地描述事物和传达信息，就要有效地运用"比较"和"设定范围"的方法。

■ 比较&设定范围的训练

为了能在写文章时运用上"比较"和"设定范围"的方法，平时就需要养成用"比较"和"设定范围"进行思考的习惯。当头脑里浮现出某件事物时，不妨对自己提出以下两个问题，然后再举例回答——这就是我提倡的"比较&设定范围的训练"。

【问题①】和什么相比会这样呢？（比较）

【问题②】在什么方面（就什么范围而言）会这样呢？（范围）

·兼职做保安很辛苦。

比较：和哪种兼职相比而觉得辛苦呢？→和在小酒馆兼职相比。

范围：在什么方面辛苦呢？→在体力方面。

·日本治安很好。

比较：和哪些国家或地区相比而觉得治安好呢？→和美国洛杉矶相比。

范围：在什么方面治安好呢？→女性独自在夜晚乘坐地铁也很少遇到危险。

·健康很重要。

比较：和什么相比而觉得重要呢？→和金钱相比。

范围：在什么方面重要呢？→工作时可以发挥出最好的状态。

·要努力学好数学。

比较：和什么科目相比而言呢？→和地理、历史等科目相比。

范围：在什么方面而言呢？→如果想成为宇航员。

·发挥想象力很重要。

比较：和什么相比而觉得重要呢？→和"多读小说"相比。

范围：在什么方面重要呢？→如果想成为小说家。

当然，"比较对象"和"范围"并不是仅仅列出来就万事大吉了。比方说，"如果想成为宇航员，学好数学比学好英语更重要"这句话就没什么说服力，因为"学好英语"对于宇航员来说也非常重要。如果你用作例证的"比较对象"和"范围"不得要领，反而会让人觉得莫名其妙。

当你逐渐习惯了"比较&设定范围的训练"之后，在平时的会话中也可以积极地加以运用。如果你能举出合适的比较对象和范围，一定能得到对方的共鸣（同感、赞同、赞许）和热烈回应的。

相反，当对方表示疑惑不解："啊？什么意思？"或流露出诧异的神色时，你就要考虑：是否自己所举的比较对象和范围不恰当？我们需要仔细观察对方的反应和表情，逐渐提高"比较"和"设定范围"的准确性。

第 3 章

写出有说服力的文章的训练

12

防止信息遗漏

——5W3H的训练

"太郎去花店买花了，你猜怎么着？"

这是Down Town组合①早期相声里出现的段子。小松（松本人志）若无其事地说到此处时，小浜（浜田雅功）喷了一句："你到底想问什么嘛！"说相声倒也罢了，但如果在现实对话中有人这么煞有介事（一本正经）地发问，那确实是有些莫名其妙……

之所以被喷，是因为问句里遗漏了5W3H的缘故。5W3H，是清晰易懂地传达信息的基本要素。

———————————

① Down Town组合：日本著名相声组合，成员为：松本人志、浜田雅功。

When：什么时候？到什么时候为止？（期限、期间、时期、日程、时间）

Where：在哪里？去哪里？从哪里？（场所）

Who：谁？对谁做？（主体、对象、任务、角色）

What：做什么？发生什么事？（目的、目标、事情）

Why：为什么？（目的、理由、根据、原因）

How：怎么做？（方法、手段、顺序）

How many：多少？（程度、数量）

How much：多少钱？（价格、费用）

如果小松在问话里加入5W3H（交代清楚），至少问题就能成立了。

加入When："你猜他什么时候买的？"

加入What："你猜他买了什么花？"

加入Why："你猜他为什么要买花呢？"

加入How many："你猜他买了多少花呢？"

加入How much："你猜他花了多少钱呢？"

对于文章作者来说，5W3H的遗漏（欠缺）说不定会成为致命伤，因为没人在面前提醒你说："你到底想说什么嘛！"——而在你所不知道的地方，读者们会觉得："这个作者写的东西真是莫名其妙……"然后把你抛弃（扔下、离开、疏远）。

失去一两个读者事小，最怕是造成误解、引起纠纷，最终损害了自己的信誉。尤其是因为工作关系而写文章，就更需要充分考虑每次应该加入5W3H的什么信息。

如果文章中遗漏了5W3H信息，读者看后会有如下反应：

·我想买这张广告单上的菜刀，但又不知道价格是多少。→遗漏了How much

·我想去这家据说很红火的餐厅，但又不知道在哪里。→遗漏了Where

·我想承接这项业务，但又不知道交货期是什么时候。→遗漏了When

·据说今天的演唱会取消了，但不知道为什么是"取消"而不是"延期"。→遗漏了Why

·上面写了用什么原材料、分量多少，但关键怎么做，却不知道。→遗漏了How

可以断言：如果你一味地把"不知道"的责任推给读者的

话，那么你的写作水平肯定是止步不前（无法提高）的！读者之所以不知道，是因为作者没有把信息传达给对方，作者要承担百分之百的责任。接受这个前提，是提高写作水平的第一步。

> 木村部长，您好。很遗憾，（策划方案）没有被采用。

业务繁忙的木村部长看到这封邮件时，不由焦躁不安："这说的是哪件事呀！"很显然，这封邮件几乎遗漏了5W3H的所有要素。

When：今天上午

Where：A公司

Who：自己/A公司的井上总经理

What：联合宣传活动的策划方案没有被采用

Why：双方的目标顾客群体不一样

How：进行了方案演示

How many：演示效果不错（策划方案的内容获得好评）

How much：空缺（无关）（不适用）

　木村部长，您好。今天上午，我在A公司做了关于"联合宣传活动"的策划方案演示，结果没有被采用，不过，策划方案的内容还是获得了好评。据井上总经理所说，没采用是因为"双方的目标顾客群体不一样"。

　如果邮件里加入了这样的5W3H，那么木村部长就会立刻明白怎么回事，随即做出指示，采取相应的对策。

　无论写任何文章，都必须意识到5W3H。如果遗漏了必要的5W3H要素，就有可能导致各种意想不到的悲剧：有用的信息被误解，有趣的小故事无人欣赏（起不到效果），优质的商品无人问津……被莫名其妙的文章困扰的读者固然不幸，而花费了时间和精力却言不达意的作者也同样是不幸的。

■ 5W3H的训练

　等你写文章时才意识到5W3H，那就太迟了。5W3H的信息相当于下厨所用的"食材"，开始写的时候当然就必须先备齐了。如果你对收集信息没什么自信，不妨通过"5W3H的训练"来锻炼自己的信息收集能力。

　当你结束一天的工作，准备睡觉时，请回想一下当天发生

的印象深刻的事情。回想起来，就对照5W3H（套用）的各个
要素。3H可能会出现"空缺"的情况，而5W应该基本上都有的，
请仔细思考，不要轻言放弃。

● 和她出去约会

When：今天

Where：USJ（日本环球影城）[1]

Who：自己/她

What：约会

Why：她是个哈利·波特迷

How：开车一个小时（交通手段）

How many：从园区开门一直玩到关门，其间乘坐了三次
"哈利·波特禁忌之旅"

How much：两人花了大约三万日元

● 去视察工厂

When：今天

Where：位于山梨县富士吉田市的瓶装矿泉水工厂

---

[1]　日本环球影城：位于日本大阪的电影主题游乐场，其中设有"哈利·波
特的魔法世界"园区。

Who：自己/部下齐藤

What：视察矿泉水生产线

Why：找出效率低下的工序，强化产品检查体系（目的）

How：亲眼确认从取水到产品检查的全过程

How many：视察时间为13：00—16：00的三个小时/视察力度强/500毫升瓶装矿泉水平均每天产量为20万瓶/对产品实行双重检查

How much：500毫升瓶装矿泉水的成本为每瓶25日元

当你习惯了这项训练之后，整理信息的速度就会不断提高。如果你是某个专业领域的撰稿人（专门撰写某方面的文章），训练时也可不以"当天发生的印象深刻的事情"为题，而另设与专业领域相关的题目，这样更具有实践性。

另外，如果你觉得早上比晚上更适合做这项训练，则不妨从当天的计划中选择重要事项进行5W3H信息整理，这样还能顺便确认当天的工作计划，一举两得。

13

获得读者的共鸣和赞同
——目的&目标的训练

"目的"和"目标"的区别在哪里呢?

"目的"是"想要实现的事项、行动的意图",而"目标"则是"为了实现目的而设定的中途标记"。比方说,以"度过充实人生"为目的,那么就可以设定以下这些目标:

· 保持健康

· 和家里人一起快乐地生活

· 多结交可以随时倾诉烦恼的朋友

· 努力工作

· 培养业余爱好

· 为了实现梦想而努力

· 为别人或社会做贡献

· 笑口常开

如果不能完成各个目标，就很难实现总目的。相反，如果能完成所有目标，应该就能实现"度过充实人生"的总目的。

又如，以"健康"为目的，可以设定这些目标："每天早上散步五公里""少吃含有添加剂的食物"等。

以"服务社会"为目的，可以设定这些目标："每天早上清扫车站前的交通环岛""每周去一次养老院做志愿者活动"等。

以"打进甲子园决赛"①为目的，可以设定这些目标："多进行防守训练""每天训练挥棒击球动作一千次"等。

为了实现某一个目的，可以设定多个目标。

目的和目标并不是各不相干，而是相辅相成的，"目的"也有可能成为其他目的的"目标"。"目的"和"目标"，就像许多大大小小的盒子套在一起一样。

"目的"和"目标"的关系，也适用于写文章。例如，现在要写一篇以"盲目相信常识的害处"为目的的文章，那么应该

---

① 甲子园：位于日本兵库县，是日本全国高中棒球锦标赛的决赛场地。

如何设定目标呢?

　　目标①:摆出依据,说明"应该对常识提出怀疑"。

　　目标②:举出具体实例,说明"过去的常识到今天变成了谬误"。

　　按照目标①和目标②写成下文:

　　我们应该更大胆地对常识提出怀疑,为什么呢?因为很多常识是产生于过去时代的误解、毫无根据的主观臆断,或是受媒体等权力机构误导而形成的烙印。

　　例如,在昭和时期,"运动时不能喝水"是一种常识,大家都深信:"如果运动时喝水就会很疲劳。"结果导致有不少人因为中暑而毙命。如今回想起来,这个理论实在是太荒谬了。

　　说到荒谬,不能不提一下吸烟。在昭和时期,无论是在医院、学校办公室、电车里还是机舱里,大家都若无其事地吸着烟,即使周围有病人、婴儿、孕妇,也无所顾忌,几乎没有人站出来谴责吸烟这种行为。

　　没错,常识是与时俱进的。

　　既然如此,我们现在所信奉的常识又如何呢?你能保证它再过三十年、五十年后还是正确的吗？说不定，到时的"常识"和今天的"常识"完全相反呢。

用一句悖论式的话来说：那些"对常识提出怀疑"的人，也许才是真正拥有常识的人。

第一段的"为什么呢？因为很多常识……"这句是目标①（依据），第二段和第三段是目标②（具体实例），这两个目标基本都完成了。大家看完这篇文章，如果觉得"言之有理，我也要对常识提出怀疑"，就说明这篇文章达到了目的。

接下来再举一例，现在要写一篇以"（启发、提倡、倡导）疾病预防"为目的的文章，那么应该如何设定目标呢？

目标①：列出日本医疗费逐年增长的数据。

目标②：提出国民难以负担如此庞大的医疗费。

目标③：点明从根本上解决问题的方法（预防的重要性）。

按照目标①至③写成下文：

日本的医疗费在1980年是10.5兆日元，2013年时上升到39.3兆日元，是原来的4倍。按这个幅度预测，2025年将超过50兆日元。虽然医疗技术在进步，但病人却不断增加，太可悲了。这就是现实，是个大问题。

今后，人口老龄化会越来越严重。如此庞大的医疗费，到底由谁来负担呢？加入医疗保险就能高枕无忧了吗？当然不是。其实医疗保险的资金也是来自国民的，也就是说，如果医疗费持续增长，我们将不得不为了负担这些医疗费而每天拼命工作。

国家并没有采取什么相应的具体对策，所以不要指望国家能解决这个问题，我们所能做的，是"转换思路"。

我们应该探索"减少病人"的途径。我们要考虑的，不是谁来负担医疗费，而是不使用医疗费而解决问题的方法。因此，比起"疾病治疗"，不如把重点放在"疾病预防"上面。当然，病人减少直接关系到每位国民的幸福生活。

所以，我们不应纠结于"庞大的医疗费用是异常的"，而应着眼于"病人扎堆的国家是异常的"这个根本课题，民众和政治家们都有必要一起来探讨这个问题。

第一段"日本的医疗费在1980年是10.5兆日元……"是目标①（数据），第二段"今后，人口老龄化会越来越严重……"是目标②（国民难以负担如此庞大的医疗费），第四段"我们应该探索……"到最后是目标③（从根本上解决问题的方法）。

大家看完这篇文章，如果对"疾病预防确实比什么都重要"深有同感，就说明这篇文章达到了目的。相反，如果无法获得多数读者的同感和支持（无法产生共鸣），作者就需要反省一下：是目标设定错误，还是没有按照设定的目标来写？

不带目的的文章，在这世界上是不存在的。我们写文章时，需要考虑：为了实现这目的，应该设定哪些目标呢？ 只要设定了合适的目标并且按照这些目标写出来的文章，一定能如你所愿地俘获读者的芳心。

■ 目的&目标的训练

为了准确地抓住目的和目标的感觉，我推荐有效的"目的&目标的训练"。自己进行某项行动时，在明确"目的"的基础上，从目的逆向反推回去，设定合适的"目标"。按"目的→目标"的顺序思考，是这项训练的基本理论。

● 目的：希望她能爽快地答应我的求婚

目标①：把求婚的日子选定在她生日那天

目标②：购买求婚戒指

目标③：选定求婚场所

目标④：想好求婚表白台词

毕竟是一辈子一次的重要场面，制订详细周到的计划，一定能提高成功率。一边眺望着美丽的夜景……哪怕只是布置好（安排）这样的情境，大概也能够提高成功率吧。

● **目的：购买独门独院的新住宅**

目标①：看房地产信息杂志

目标②：充分了解户型（房间布局）

目标③：制订筹款计划

目标④：参观样品房

目标⑤：选定房地产开发商和中介公司

应该没有人会一时心血来潮就（出于一时冲动就）购买下独门独院的新住宅吧？！从这层意义上来说，要实现购房这个目的，设定目标的重要性就更高了。如果目标设定得不合理（例如筹款计划落空），就很可能导致整个计划（全盘）泡汤。

"目的&目标的训练"不仅能提高写作能力，还能提高你的计划力、预见力、行动力、回避危机的能力等，是一项非常有

益的训练。 每天早上，当你睁开睡眼时，可以从当天的计划中选出特别重要的事项，为了实现这个目的而设定必要的目标。

在训练中，如果不能如你所愿地达到目的，或者达到目的的速度很缓慢时，你就需要查明原因——是目标设定的问题，还是行动方式的问题？然后在今后的训练中引以为戒。设定合适的目标，并完成目标——当你锻炼出这种能力时，写作能力自然不在话下，甚至还能提高自己的整体人格魅力。

14

信息不足会导致文章内容薄弱

——信息+原因的训练

"爸爸，我想（不想继续读大学了）退学。"

假设你儿子突然对你冒出这么一句话，你会如何回应呢？

估计没有哪个父亲会立刻回答说"想退就退"或是"不行"吧？！大多数人应该会先问清楚原因："为什么呢？""理由是什么？""发生什么状况了？"

对于不明就里的事物，确实是无法做出判断的。

我向高血压患者推荐腹式呼吸法，各位不妨尝试一下。

假如你是高血压患者，会听从这个建议吗？大概不会吧！

因为这句话并没有写明为什么要如此建议，没有写明关键的原因。

我向高血压患者推荐腹式呼吸法，因为腹式呼吸具有平稳呼吸、活化副交感神经的效果。副交感神经活跃，就能稳定血压，保护血管。腹式呼吸不仅对高血压有效，还能防治因自律神经失调而引起的疾病，各位不妨尝试一下。

写明原因后，读者看了也许就会觉得："既然有这样的效果，那我就试一下吧。"

在文章里，"原因"承担着增强说服力的重要作用。无论你说得如何天花乱坠、义正词严，如果没写明原因，就不可能让读者接受。 遗憾的是，我们周围充斥着许多缺乏原因说明的文章，这实在是太可惜了。

我看了影片《2012》的DVD，说实话，我早已经对好莱坞拍滥（滥大街）的各种灾难片腻味了。不过，《2012》却给我带来了惊喜。

看完这段话后，你会产生自己也想看看这部影片的愿望吗？我想，即便有人感兴趣，恐怕也不会特地跑出去租一张影碟回来看吧。为什么呢？因为文章里没有写明"给我带来惊喜"的原因，这就是"信息不足"而造成的缺憾。

作者心中肯定有"感到惊喜"的原因，可惜并没有把它写出来，也就是说，没有传达给读者（明明、既然）。想让读者了解这部影片，或是想向读者推荐这部影片，却又不写明读者希望了解的原因，这未免太不近人情了，读者甚至无从判断自己是否也要去看这部影片。

我看了影片《2012》的DVD，说实话，我早已经对好莱坞拍滥（滥大街）的各种灾难片腻味了。不过，《2012》却给我带来了惊喜。

这部影片的视觉冲击力和此前的灾难片不可同日而语，甚至可以说是超乎常规的。从海洋到天空、大地，大自然张牙舞爪，整个地球满目疮痍……影片让我身临其境地体验了各种不可思议的画面，从根本上颠覆了我对"灾难"的认识。仅从这一点来说，这张DVD影碟就物有所值。

明确了"给我带来惊喜"的原因之后，读者应该就不至于感到不满，而且还能判断自己是否也要去看这部影片了。所谓

"原因"，其实正是"5W3H"中的"Why（为什么）"。**我们应该记住：为了让文章具有说服力，对"Why"的说明是必须的。**

■ 信息+原因的训练

要写清楚原因，首先，作者本人当然必须明确地把握原因。我们可以在日常会话中进行"信息+原因的训练"，强化"原因意识"。

打个比方，你说自己喜欢打网球，但被对方问到"为什么喜欢打网球"时却支支吾吾地说不出个所以然……这样，显然不可能写出有说服力的文章来。

在"信息+原因的训练"中，你传达了某个信息之后，需要接着说明原因——在对方发问之前，自己就主动进行说明。

在训练中，"为什么呢"是个很好用的接续词，可以引出后面的原因。一旦说出了"为什么呢"，自己就置身于必须说明原因的境况。"为什么呢"这个词本身可以省略，但后面的原因却一定要说出来。

·"喝酒嘛，我肯定选HOPPY酒。"→"（为什么呢？）因为热量低，糖分低，很适合我这个正在减肥的人。"

·"我一直都骑自行车上班。"→"（为什么呢？）因为可以节省每月9千日元的交通费，还能锻炼身体。"

·"明早八点就要进会场。"→"（为什么呢？）因为要先去布置展位。"

·"本来计划好的中东旅行取消了。"→"（为什么呢？）因为周边各国的政治局势和治安状况比较乱。"

·"我直到最后都没有放弃比赛。"→"（为什么呢？）因为有家人和朋友在给我加油。"

·"今天的会议大家争吵不休。"→"（为什么呢？）因为赞成派和反对派都不肯让步。"

像这样，自己传达了某个信息之后，接着以"为什么呢"引出原因。"信息和原因"经常是搭配在一起的，在传达完信息后，一定要说明原因。

一天当中，应该有很多次挑战"信息+原因的训练"的机会。只要在日常会话时养成说明原因的习惯，写文章时自然也会下意识地把原因写进去。这样，让读者感到疑惑（被读者追问）的机会就会急剧减少。

另外，"为什么呢？因为……"是固定搭配之一。所谓固定搭配，就是"对某个语句所使用的特定表达方式"。例如："为什么呢？因为发烧了。"在"为什么呢"之后，会固定使用"因为……"的句式（"为什么呢？发烧了"则是错误的表达法）。我们在文章中进行原因说明时，一定要正确地使用固定搭配。

15

通过具体事例来增强说服力

——举例的训练

日本是治安很好的国家。

对这句话的内容，大概没有人会反对吧？！

但另一方面，平时很少关注日本治安情况的人以及很少出国的人，却可能会产生这样的想法："嗯，确实感觉治安挺好的……但究竟好到什么程度呢，却不太清楚。"对于这些人来说，这句话就缺乏说服力。

为什么会缺乏说服力呢？因为没有加入"具体事例"。没有具体事例的文章无异于"没放配料的酱汤"，难免有些——不，应该说相当乏味（薄弱）。

相反，加入具体事例的文章，则好比"配料丰富的酱汤"，变得美味可口。虽然同是酱汤，前者乏味，后者美味。文章也和酱汤一样，"材料"非常重要。既然要写，还是尽可能让读者品尝有味道的文章吧。

日本是治安很好的国家。

例如，很少有人偷东西。在日本的咖啡馆和餐厅里，经常看见有人离开座位时随手把手机、挎包或笔记本电脑等搁在桌上，可见大家非常放心，相信不会有人"顺手牵羊"。

很多来到日本的外国人亲眼目睹了这情形之后，都感到十分惊奇。

另外，日本到处都设有自动售货机，这也是治安好的表现之一吧？！在治安差的国家里，自动售货机被看作是"钱柜子"，经常遭到破坏和盗窃。

这篇文章又如何呢？里面加入了关于"治安好"的具体事例，所以，即便是平时不太关注日本治安状况的人看了也能接受吧？！说不定其中有的读者还会联想起自己的亲身经历，表示赞同："对呀，我也曾经把手机搁在桌上就去上厕所了。"

在第2章中，我说过："总之要具体化。做到这一点，就能提高写作能力。"而具体事例正是"具体化"的最佳体现。**如果你想写出"通俗易懂的文章""有说服力的文章""有深度的文章""吸引人的文章",就必须充分发挥具体事例的强大效果。**

要引出具体事例时,可以使用"例如"一词。一般来说,"例如"之后,会紧接着与前文相关的具体事例。一旦把"例如"亮出来,后面就会自然而然地写出具体事例。我在举例时,也经常使用"例如"。

猪肝是营养的宝库,其他食物都无法与之相比。

如果你对猪肝不甚了解,看到这句话时可以接受吗?即使想接受,恐怕也很难做到吧。主要问题在于,这句话缺乏具体事例的支撑。那么,改成下文又如何呢?

猪肝是营养的宝库,例如,大约50克猪肝就能提供成人一天所需要的维生素A——相当于四十捆菠菜的分量,其他食物都无法与之相比。

加入"大约50克猪肝就能提供成人一天所需要的维生素A""相当于四十捆菠菜的分量"的具体数据后,就可以说明猪肝的惊人的营养价值，极大地增强了原文的说服力。

除了"例如"之外，还可使用"具体而言""举一个例子"等词。当然，也可以不用这些词，而是承接前文举出具体事例。

■ 举例的训练

要学习如何加入具体事例，"举例的训练"是非常有效的。使用"例如"一词，把自己身边的事物具体化。

·颜色→（例如）黑、白、红、蓝、黄、绿、紫……

·动物→（例如）狗、猫、猴子、大象、长颈鹿、牛、马……

·黄绿色蔬菜→（例如）胡萝卜、番茄、油菜、韭菜、菠菜……

·音乐→（例如）摇滚、流行、爵士、朋克、民谣、古典……

·宝石→（例如）钻石、红宝石、蓝宝石、绿宝石、翡翠……

·经典影片→（例如）《罗马假日》《乱世佳人》《原野奇侠》《七武士》……

·SNS→（例如）Facebook、Twitter、Google、YouTube、LINE……

说过"动物"后，还可接着以"草食动物"或"鸟"为题。

同样地，说过"经典影片"后，还可以接着说"经典日本影片""经典动作片""经典爱情片""吉卜力动画片"等。

另外，尝试与自己相关的举例，也是很好的训练题：

· 我喜欢出汗→（例如）跑步、室内足球、在健身房锻炼、泡温泉、蒸桑拿……

· 我讨厌狭小拘束的环境→（例如）拥挤的电车、简易旅馆、摩天轮或空中缆车的吊舱、厕所隔间、应酬的场合……

· 我很尊敬信念坚强的人→（例如）坂本龙马、吉田松阴、松下幸之助、铃木一朗、矢泽永吉、我父亲、野泽老师（初中时的恩师）……

· 我有很多梦想→（例如）买一辆哈雷摩托车、去屋久岛看绳文杉、完成"萨罗马湖100公里超级马拉松"、自己写的小说获得新人奖、乘坐豪华游轮绕世界巡游……

使用"例如"把事物具体化的习惯一旦形成，写文章时就会不由自主地加入具体事例。当你达到"不加入具体事例就觉得不爽"的境界时，就可以学成出山啦（说明已经得到真传啦）。

16

区分事实与判断
——分辨是否是事实的训练

2020年奥运会将在东京举行，日本经济回暖是可喜之事。

如果你看过这句话而不觉得有问题，那就要提醒自己注意了。为什么呢？因为"奥运会将在东京举行"不一定意味着"日本经济回暖"，也就是说，后半句里包含了不实信息。

我们读写文章时，必须明确地把"事实"和"作者的判断"区分开来。

事实：2020年奥运会将在东京举行。

作者的判断：日本经济回暖。

所谓"事实"，应该是"谁都无法否定的事"，而"判断"，则因人而异，千差万别，是通过作者自身经验、价值观、偏见等过滤而成的观点。

关于举办奥运会能否促进日本经济，专家们也有意见分歧，并不是"谁都无法否定的事"。

原文的问题在于，作者把"日本经济回暖"的主观判断当成了既定事实来写。

① 2020年奥运会将在东京举行，希望能成为日本经济回暖的契机。

② 2020年奥运会将在东京举行，也许能成为日本经济回暖的契机。

①是作者的希望，②是作者的推测，也就是说，都属于作者主观判断的范畴。这样写，读者就不至于把事实和判断混为一谈了。

A先生住在东京葛饰区，至今年逾三十了，还只是个可怜的自由职业者。

写下这样的语句时需要特别小心，读者看了这句话，头脑中应该会浮现出"可怜的自由职业者"的形象。

然而事实上，说不定A先生本人却认为："啊？可怜？真是岂有此理！我倒觉得自由职业者的工作很有意义，挣钱也比低收入的工薪族多，我对这样的生活状态很满意。"也就是说，作者在原文中所写的"可怜"并非事实，而只是作者的主观判断。

对于读者来说，这是一种误导，是极其危险的，因为读者会误以为这些不实信息就是"事实"。

那么，这样的文章是如何产生的呢？

首先，有这么一种情况：作者出于恶意，虽然明知并非事实，但为了误导读者而故意这么写。当然，这种做法是很荒谬的。

同时，还有另一种情况：问题根源竟然在于作者本人的"想当然（固执己见）"。作者想当然地以为这是事实，而没有意识到自己写的文章可能会"误导读者"。作者本人并没有恶意，但正因如此，犯这样的错误才更恶劣（低级）。

如果把不实信息当作事实来写，会有什么后果呢？——读者看了会产生这样的印象："这个作者在胡说八道。""这个作者写的东西不靠谱（不可信）。""这个作者写的文章不值一读。"……

最终，读者将对你失去信任，离你而去。

看到这里时，你也许会猛然惊醒："说不定，自己头脑里也有很多想当然的看法吧？"——既然如此，我们就一起来做下面这项训练。

■　分辨是否是事实的训练

我们在日常生活中遇到各种情景时，会（做出判断）产生各种印象。我们需要分清这些印象是否是"事实"。——这就是"分辨是否是事实的训练"。

●　看见戴耳钉、染头发的高中男生时，

事实：有个戴耳钉、染头发的高中男生。

未必是事实（无法断定是事实）：这个人举止轻浮。

当你看见这个男生，觉得他"举止轻浮"的一瞬间，就需要分辨这个印象是否是事实。从外表上看，当然是很有个性的，但能不能因此就断定说"举止轻浮"呢？说不定，他只是比较好打扮，而性格其实很认真的呢。

所以，如果在文章里这么写："有个戴耳钉、染头发、举止

轻浮的高中男生。"恐怕就不妥。如果只是"不够准确"倒也罢了，有时候还可能会被视为"传达虚假信息"。

● **看见拉面店前有很多人在排队时，**

事实：拉面店前有很多人在排队。

未必是事实：这家店很有人气（生意很旺、受欢迎）。

如果是第一次看见这样的情形，当然无法断言说"有人气"，也许只是因为刚好碰上中午而且店面狭小的缘故吧。不过，如果每天都排长队，"有人气"的可能性就会高很多，所以需要仔细分辨。

例如，如果听到排队的顾客说："我是这家店的忠实粉丝，经常来吃。"那么，"有人气"也许是事实。但如果顾客说是因为"本周举行五折优惠活动"才来光顾，那么排队的人也许只是贪图"便宜"而已。"有人排队=有人气"的推测并没错，但需要慎重地分辨是否是事实。

● **平时很爱说话的B先生今天沉默寡言。**

事实：B先生今天和平时不一样，有点反常。

未必是事实：他在生我的气。

平时活泼开朗的人如果变得沉默寡言，难免会让人担心："咦，他是不是在生我的气呢？"但如果你想不到惹他生气的缘由，那么"生我的气"就未必是事实。

说不定是因为他刚刚跟别人吵架了，或者是今天一早起来就觉得身体不适，又或者是他今晚要在重要的会议上发言，所以现在很紧张……

如果对方明确地表示说："我对你的这项工作感到很失望。"那么，"生我的气"也许是事实。但如果没有任何来由就断定对方的心情，则未免过于武断了。

坚持做"分辨是否是事实的训练"，就能提高辨别事物的眼力。例如，报纸杂志上有很多报道并不完全是事实，还掺入了作者的主观判断。

读者如果把这些主观判断与事实混为一谈，就可能会接收到错误信息——这是很可怕的。辨认出"作者的主观判断"的能力，其实也是一种"防止受骗上当"的自我防御能力。

只要学会从眼前所见的情境中提炼（提取）出"事实"，那么自己动笔时，就能写出不含虚假信息的、诚实的文章。而且，在阅读别人的文章时，也能一下就看出其中的可疑之处，无论作者是否出于恶意而这么写。也就是说，对信息的敏感度提高了，输出能力和输入能力也会得到整体上的提高。

17

"事实→结论"模式能加强文章的逻辑性

——用"所以"导出结论的训练

大家在电影、电视剧或是现实中应该见过这样的办公室场景吧：部下向上司汇报了某件事之后，上司追问道："然后呢？""所以呢？""结论呢？"……比方说以下这个场景：

部下："关于采访的事，我询问过A公司，他们说工厂里的生产线是不让拍照的。"

上司："所以呢？"

部下："所以……"

这个部下所欠缺的，是"导出结论的能力"。

① 关于采访的事，我询问过A公司，他们说工厂里的生产线是不能拍照的，所以，我打算这次的版面内容以总经理访谈为主。

② 关于采访的事，我询问过A公司，他们说工厂里的生产线是不能拍照的，所以，我考虑放弃采访A公司，而改为采访B公司。

根据"不能拍照"的事实，①导出"变更版面内容"的结论，②则导出"变更采访对象"的结论。无论①和②，都是根据事实而导出某种结论（结论的优劣姑且不谈），这一点就值得肯定。

【流程①】把握事实
【流程②】根据事实导出自己的结论

写文章时，必须意识到这个"①→②"的流程。"结论"部分，自然要加入作者的意见、主张或价值观等。**如果只是叙述事实，而没有写从中得出什么结论，那就是作者的失职。**

前几天体检，肝功能的测定结果是"需要治疗"。

这句话的意思不难理解，但别人看了大概会继续追问吧："然后呢？""所以呢？"

前几天体检，肝功能的测定结果是"需要治疗"，所以，我决定从今天开始戒酒一个月。

作者根据体检结果（事实），做出了"戒酒一个月"的决定，符合"①→②"的流程。

这个十字路口没有红绿灯，所以，要尽快安装红绿灯。

这句话又如何呢？乍一看，好像符合"①→②"的流程……但却缺乏说服力。因为，"没有红绿灯→要尽快安装红绿灯"的因果关系太过牵强（简单粗暴）了。如果这个逻辑成立，那么世界上所有的十字路口都需要安装红绿灯了。

这句话的问题主要在①。为了让"要尽快安装红绿灯"的意见更具有说服力，需要稍微强化一下①的事实。

这个十字路口没有红绿灯，因此，交通事故频繁发生，这个月已经发生了两起汽车相撞事故，所以，要尽快安装红绿灯。

这就是强化事实之后的文章。补充说明"交通事故频繁发生"和"这个月已经发生了两起汽车相撞事故"的事实之后，"①→②"的逻辑就变得自然多了。

可见，在①→②之间，需要建立充分的"因果关系"，以便让读者能够接受。因果关系薄弱，可能会被读者当作是"缺乏逻辑性"的蹩脚文章，所以需要注意。

另外，"①→②"之间的接续词，有以下这些："因此""所以""于是""因而""由此可见"……

这些接续词都能表示"根据①（事实），能得出后项的结果"，所以，可以用来导出结论。"事实"和"结论"的因果关系越强，文章也就越有逻辑性。

▪ 用"所以"导出结论的训练

要学习如何从事实导出结论，"用'所以'导出结论的训练"是非常有效的。当你看见或经历过某个事实时，尝试用"所以"导出自己的结论。

事实：在前面行走的女人被绊了一下，差点儿摔跤。

所以：我也得小心别摔跤才行。

事实：天气预报说："傍晚可能会有雷雨。"

所以：出门时要带伞。/在傍晚前赶回来。

事实：昨晚只睡了三个钟头。

所以：今天得想办法做到在工作中不走神（集中精神）。

事实：汽油价格创下近两年五个月以来的最高值。

所以：我要尽量减少长途旅行的次数。

事实：今年父亲迎来了六十大寿（六十岁了，迎来花甲之年）。

所以：作为庆祝，我想带他去夏威夷旅游。/我想慰劳一下父亲。

事实：下次我有可能会调去海外工作。

所以：要趁现在提高英语会话能力。

做这项训练时，需要注意"事实"和"所以"之间的因果关系。要仔细确认，看用"所以"连接前后是否会不自然。

例如，"今年父亲迎来了六十大寿"这项事实之后，如果接着说"所以我要更努力"，就感觉有点儿牵强，因为"我要努力"

和"父亲六十大寿"这两件事之间的关联性太薄弱了。

　　而"作为庆祝，我想带他去夏威夷旅游"或"我想慰劳一下父亲"则与"父亲六十大寿"的因果关系较强，容易让读者接受。

　　用"所以"导出的结论，能鲜明地反映出作者本人的意见和价值观。也就是说，这项训练还能起到认真审视自己的意见和价值观的作用。虽说训练的主要目标在于"加强写作能力"，但其实还隐含着"发现自我"的深层目标。

18

用"总而言之"传达最重要的信息

——总结别人话语的训练

在前一章里，我介绍了"把握事实→根据事实导出自己的结论"的模式。

在这一章，我将介绍以"总而言之"作为转接词（中转）的模式。

【流程①】把握事实

【流程②】概括事实，传达信息

"总而言之"之后，接着写从前文（事实）概括出本质的"总结"，也就是说，用"总而言之"一词凸显出你最想传达的信息。

这里有美味的米、蔬菜和肉，也保留着许多名胜古迹和传统文化。近年来，还涌现出许多世界级的艺术家。

读者看过这段话后，会有什么感想呢？——大概是没什么特别的感想，也没留下什么印象吧（然后过目即忘吧）。虽然意思不难理解，但读者看了难免会追问："所以呢？""你到底想说什么？"为了不让读者疑惑，就需要概括前文（事实），凸显出你最想传达的信息。修改如下：

这里有美味的米、蔬菜和肉，也保留着许多名胜古迹和传统文化。近年来，还涌现出许多世界级的艺术家。总而言之，这座城市有许多值得宣传的魅力之处。

以"总而言之"作为转接词，概括出"这座城市有许多值得宣传的魅力之处"。这样，作者想传达的信息就会变得更明确，使读者有种豁然开朗的感觉。

她的投篮、传球和运球技术都是一流的，而且脚步移动灵活，体力也是全队最好的。但可能因为缺乏拼劲（杀气、性格比较温和）的缘故，每次打比赛时都发挥不出平时的水平。

这是介绍某位女篮选手的文章，条理很清晰，并没有难理解之处。但与此同时，读者却感觉不到"重点"，难免会追问："所以呢？""你到底想说什么？"与文中的"事实"相比，读者更想知道的，是作者想通过这个事实传达什么信息。

她的投篮、传球和运球技术都是一流的，而且脚步移动灵活，体力也是全队最好的。但可能因为缺乏拼劲（杀气、性格比较温和）的缘故，每次打比赛时都容易发挥失常。总而言之，无论技术层面如何优秀，如果心理素质不过关，就很难在正式比赛中发挥出自己的水平。

在"总而言之"之后，说出总结性。这样，最重要的信息就会凸显出来。——作者是想强调"心理因素"的重要性。

她的投篮、传球和运球技术都是一流的，而且脚步移动灵活，体力也是全队最好的。但可能因为缺乏拼劲（杀气、性格比较温和）的缘故，每次打比赛时都容易发挥失常。总而言之，仅有技术是不够的。

如果你重点是想批驳"技术万能论"，也可以这样总结。

从"事实"概括出"本质"之后如何进行总结——这正是考验作者功力（见功夫）的地方。

当然，除了"总而言之"之外，还可以用"总之""也就是说""因此""换言之"等作为前后文的转接词，请根据不同的场合区分使用。

■ 总结别人话语的训练

要学会从前文概括出"本质"，就需要在平时养成总结的习惯，对此，"总结别人话语的训练"是非常有效的。当你和别人聊天，听对方说完某个话题的时候，你要判断对方话语的本质，并且适时地把"总结"说出来。

"昨晚，本来说好和悠太出去约会的。可是真不巧，偏偏这时上司分派了个任务下来，我只得继续加班，加完班才赶过去。结果，迟到了将近一个小时。我本来以为悠太会很生气，但他却微笑着安慰我说：'加班辛苦了。'"

当你和朋友聊天，听对方说完这件事时，要概括出事实的本质，并把"总结"说出来：

"哦，悠太真是个体贴的人。"

"哦，看来悠太很喜欢你啊。"

如果你能做出这样的总结，就说明抓住了话题的本质。但如果做出了如下总结，则显然没有抓住本质：

"你的上司真是不合时宜啊。"

对方最想告诉你的，难道是"上司不合时宜"吗？显然不是吧？！在这件事情中，上司只是个配角而已。

进行"总结别人话语的训练"时，并非只是随便概括就行，关键是要抓住话题的本质与核心。如果你能准确地抓住核心并加以总结，对方会感到很高兴，因为他知道你在认真地听他说话，而且还听懂了（抓住了）他想表达的重点。相反，如果你没有抓住话题的本质与核心，则有可能失去对方的信任。虽然有点危言耸听，但在做这项训练时，确实需要有承担这种风险的心理准备。

"告诉你吧，我转行了。之前的工作一直都是面对电脑的，所以想尝试一下跟人打交道的销售工作。可是，销售工作跟我想象中的大不一样，每天都要上门跑业务（客户），如果拿不到订单就没脸回公司。这种氛围让我觉得压力很大……结果就把身体搞垮了。唉——"

如果朋友这么向你倾诉（告诉你这个情况），你打算如何回应呢？

"哦，销售工作跟想象中的不一样，这太糟糕了。"

"哦，上门跑业务确实很辛苦啊。"

"哦，把身体搞垮了，看来确实压力很大啊。"

上述这些总结都是合格的。相反，如果突兀地提出自己的看法："你真傻！没经过慎重考虑就转行，所以才会落得这个下场！"——这样的回应则是不合格的。

请容我再重复一遍：关键是要抓住话题的本质与核心，这项"总结别人话语的训练"还能起到加强交流能力的效果。

当然，开口的时机最好是等对方说话告一段落的时候。如果说到一半你就插嘴，即使你的话一针见血，对方也难免会产生"说话被打断"的感觉。

另外，你总结之后，还需要留意对方的反应。如果你的总结抓住了话题的本质与核心，那么会话应该会顺利地继续进行下去；但如果没抓住，那么对方很可能表现得反应迟钝，或是流露出诧异的表情。万一出现这种状况，你就需要自圆其说，重新投入会话中。

19

运用比喻，写出通俗易懂的文章

——比喻的训练

擅于表达的人，大都是运用"比喻"的高手。

娱乐圈里也有很多"比喻高手"，奶油浓汤组合①的上田晋也就是其中一位。前几天，我在电视节目中看到这么一段。上田晋也对说漏嘴（冷笑话）的搭档说："空气好尴尬啊。"随即又补了一句："就像没有排气扇的烤肉店一样。"——把"空气尴尬"比喻成"没有排气扇的烤肉店"。

对于搞笑节目来说，"比喻"是很常见的手法。有一次，

---

① 奶油浓汤组合：日本著名的搞笑艺人组合，成员为：上田晋也、有田哲平。

Down Town组合的松本人志看见无限开关组合①的常田真太郎
的爆炸头发型时，说了一句："我找到优秀的园艺师啦！"——
看见爆炸头的一瞬间，松本人志的头脑里大概浮现出一株修剪
得圆乎乎的盆景，所以才会立刻说"我找到优秀的园艺师啦"。
如果说成"我找到优秀的理发师啦"，则没有这样的幽默效果。
两者的区别，就在于是否运用了别出心裁的"比喻"。将"比喻"
的能力运用到写文章方面，也会成为一件犀利的武器。

女人的恋情是"保存"，男人的恋情是"另存为"。

大家也许在别处看见过这句名言吧，这句话将男女对待旧
情的不同态度巧妙地比喻成电脑文档的保存方法。

要引进（采取）新做法之前，请先把原来的做法扔掉（舍弃）。

读者看到这句话时，也许会觉得有些纳闷吧："为什么非得
把原来的做法扔掉不可呢？"对于这样的疑问，不妨加上一个
比喻：

---

① 无限开关组合：日本著名的音乐人组合，成员为：大桥卓弥、常田真
太郎。

就好比把杯子里的凉水倒掉一样，如果杯子里有凉水，无论你倒多少热水进去，也只能变成温吞水。

用"水"比喻"做法"，就变得很容易理解了。

工作不是越快越好，越追求工作速度，失败的风险越高。

这句话的说服力并不充分，有的读者也许会觉得："难道不能又快又好地完成工作吗？"

比起时速60公里的汽车，时速100公里的汽车能更快到达目的地。不过，速度越快，造成交通事故的可能性也会相应提高。如果时速达到140公里，危险性就更高了。

用我们身边的"汽车"进行比喻，加上这个比喻之后，说服力就会一下增强许多。因为，只要是坐过车的人，都能明白超速行驶的危险性。

人的外表是很重要的。

对这句话，也许有人赞同说：“确实如此。”也许有人反对：“不对不对，内涵更重要。”

比方说同一道菜肴，比起用"薄薄的纸容器"，当然是用"高级的容器"盛着感觉更美味吧。可见，"外表"是如此重要。

看了这个比喻，如果有很多人赞同说："确实如此。"那就说明这个比喻是成功的。

· 似是而非的东西→比方说草莓和辣椒外表都是红色，但实质却截然不同。

· 感觉美中不足→就像鸡蛋盖浇饭上没放酱油。

· 不可能→这就跟没有汽车却说要出去兜风。

· 本身没有价值的东西→就像乐谱上的音符，只有变成（转化成、发出）声音才有意义，如果不变成声音，就只是花纹而已。

· 知其不可为而为之→好像踩着刹车的同时还踩下油门。

· 如果当地不需要用到这种东西，那肯定就卖不出去→就好比在沙漠卖滑雪板也无人问津。

· 如果没经历过大场面（上过大舞台），就得不到成长→比起种在小花盆里的树苗，还是种在大花盆里的树苗更茁壮成长，树苗的生长会受到花盆的影响。

　　像这样，巧妙地运用比喻，能够使文章更加通俗易懂，而且还能增强说服力。

　　运用比喻时，最基本的条件是要比原来的事实更形象化。比如说，以"汽车""食物"作为喻体，大多数人都能在瞬间联想到相应的形象；但如果是"长曲棍球""狂言"①"专利权"这样的喻体，可能就有人觉得难以理解。作者出于好心（发挥想象力、体贴地抖个机灵）用个"比喻"，结果却让读者觉得更困惑了……这样就无异于本末倒置。

▪ 比喻的训练

　　为了培养比喻的感觉，建议大家平时多做"比喻的训练"，学会替换成其他词语。在这项训练中，需要把各种事物、人、事情比喻成其他事物。

　　"开朗的人"经常被比喻成"像阳光一样的人""像向日葵

---

① 　狂言：在日本能乐幕间所演的一种古典滑稽剧。

一样的人"，那么，"忧郁的人"又能比喻成什么呢？"勤奋的人"呢？"粗心的人"呢？"淘气的人"呢？……请考虑有什么通俗易懂的比喻吧。

如果觉得一开始很难上手，不妨使用"像○○一样""像○○似的"句式（○○处填入喻体）。一开始可以使用"像天使一样的笑容""像利刃一样锐利""像宝石一样美丽"等容易想到的比喻，逐渐习惯了之后，就可以挑战一些别出心裁的、有创意的比喻。

- 像搅奶油一样的泡沫。
- 像鹤的羽毛一样白。
- 像深不见底的井一样恐怖。
- 像高级餐馆的老板娘一样殷勤。
- 像遗言一样悲伤。
- 像傲立风雪之中的杂草一样坚强。
- 像被关在湿度80%的房间里一样倦怠。
- 像志在必得的射门被门柱挡出时一样焦躁。
- 像听到宝贝女儿第一次叫"妈妈"时一样欣喜。
- 像从桑拿房出来然后洗个冷水浴一样爽快。

如果你负责写某个专业领域的文章，平时不妨多积累"比喻"素材，以便在写文章时能把专业术语替换成易懂的说法。

· IT方面→用比喻说明"硬盘""内存"和"文件"的区别。

· 汽车方面→用比喻说明"引擎的马力"和"耗油量"的关系。

· 人际关系方面（例如心理治疗师等）→用比喻说明"训练""辅导""治愈""咨询"和"心理治疗"的区别。

· 服装方面→用比喻说明"订做""全套订做""简易订做"和"样衣订做"的区别。

· 国语教育方面→用比喻说明"作文"和"小论文"的区别。

· 金融方面→用比喻说明"投资"和"投机"的区别。

· 医疗方面→用比喻说明"西医"和"汉医"的区别。

作家井上厦曾说过：

"如果用一句话来概括写作的秘诀，那就是：用自己的独特语言，写出让每个人都能看懂的文章。"

"比喻"就是写出"让每个人都能看懂的文章"的方法之一。在这世界上，有很多人拥有丰富的专业知识和信息，但只有一小部分人能通俗易懂地把它们传达出来。如果你想成为这"一小部分人"，那就一定要努力提高"比喻"的技术。

■ 第 4 章

写出有深度的文章的训练

20

增加不同视角，使文章更有深度

——收集视角的训练

在我们身边，有的人总是喜欢一口咬定（断定）地对事物进行判断。

"男人最坏了。""女人就喜欢斤斤计较。""有钱人都很吝啬。""政治家都很卑鄙。""小孩子最烦人了（就喜欢吵闹）。"……这些都是单一视角下的（固定观念）惯性思维。这样写出来的文章，往往就会流于肤浅。当然，也有些专栏作家为了标榜自己的"毒舌"特色，而故意以单一视角来写——这属于一种策略。但如果是下意识地运用单一视角，那就很难堪了。

假设现在要以《人死后会去另一个世界吗？》为题目写一篇小论文。

有的濒死体验者自称："看见过死后世界。"如果你采访他们，可能会写出"死后世界存在"的文章来。而脑科学家们主张："人的意识产生于大脑，大脑机能一旦停止，意识也会随之消失。"如果你采访他们，则可能写出"死后世界不存在"的文章来。

这两种情况，都是基于限定输入范围的单一视角，当然也只能在这范围内展开论述，遗憾的是，这样无法写出有深度的文章。

那么，如果既采访了濒死体验者又采访了脑科学家呢？或者，不止采访这两人，还采访宗教家、哲学家、精神科医生、心理学家、巫师、灵媒师、催眠师等，或者通过阅读几十本关于"死后世界"的书，增加视角，又会如何呢？——这样就能从各个视角进行考察，写出令人信服的文章来。**增加"视角"，能使论述更有深度。**

关于"视角"，我再稍作简单的说明。假设要写一篇关于A先生的文章，可以从以下的视角进行叙述：

① A先生的外貌

② A先生的性格

③ A先生的喜好和忌讳

④ A先生的强项和弱项

⑤ A先生的才智

当然，也可以从"A先生的兴趣爱好""A先生的学历和工作经历""A先生的价值观和人生观""A先生的理想和目标""A先生的工作""A先生的人格和度量""A先生的恋爱观和婚姻观"等其他视角进行叙述，这些视角都是很好（可行）的。

理发师A先生绝不算帅哥。

这句话是基于①（外貌）的视角。

理发师A先生绝不算帅哥，但他头脑反应快，而且对人很热情。

这句话则有多个视角——除了①（外貌）之外，还加入了⑤（才智）和②（性格）的视角。

一说起减肥，很多人会把关注点放在"体重"。比如说："减轻了五公斤，真开心。"或是："只减轻了一公斤，真遗憾。"其实，"减肥=体重"只是其中一个视角。除此之外，还可以从

"健康""美容""脑科学""心理学"等视角出发。例如，以下这句话就是基于"健康"视角而写的。

即使一个月减轻十公斤，如果饿得站都站不稳，这样的减肥当然是不成功的。

同样，也可以从"美容"的视角出发，写出如下语句：

减少脂肪的同时，在应该长肌肉的地方长肌肉，使两者的平衡实现最优化，接近最匀称的状态（理想的构成比例）。

像这样，随着视角的变换，对事物的看法也会发生变化，文章题目的深度和广度也会随之增加。写文章时，如果能调动"体重""身体脂肪""BMI指数"[①]"健康""美容""脑科学""心理学"等视角，就一定能写出有意思的《减肥记》来。

如果你想写出令人信服的文章，就不能拘泥于某一个视角，**而需要先找到尽量多的视角，以便从中摸索各种可能性——可以从哪些视角叙述呢？从哪些视角叙述会更有趣呢？从哪些视**

---

① BMI指数：身体质量指数（Body Mass Index）的简称，是用体重（千克）除以身高（米）的平方得出的数值。

角叙述会更有说服力呢？

即使是从某个特定的视角深入话题，文章的深度也会因有无看见其他视角而大相径庭。

不是"只看见1，所以就是1"，而是"看见了1至10，而结论还是1"——传达信息时，其他视角自有其价值所在。

请阅读以下这段关于"增税"的短文。

消费税的税率变化无常：2014年从5%上升到8%，而2017年预计将上升到10%。受消费税率不断上升的影响，很多人开始发愁："看来又要过上紧巴巴的日子了（手头拮据）……"

这段短文从"国民"的视角叙述，应该能得到很多人的共鸣吧。不过，"税率不断上升→过上紧巴巴的日子"的观点太过平常，说得苛刻一些，如此平常的文章，谁都能写出来，缺乏新意和深度。我们不妨在"国民"视角的基础上再增加"国家"视角：

消费税的税率变化无常：2014年从5%上升到8%，而2017年预计将上升到10%。受消费税率不断上升的影响，很多人开始发愁："看来又要过上紧巴巴的日子了（手头拮据）……"

但从另一方面来说，逐步提高税率其实正是考虑到对国民生活的影响——一次性提高5%，生活负担太重了，所以才分为两个步骤实施，以减轻国民的生活负担。确实，与其挨重重的一拳，不如挨轻轻的两拳，这样受到的打击小一些。

加上"国家"这个新视角后，对于"增税"的看法就发生了变化。如果说原文是"平面的文章"，那么修改之后就成了"立体的文章"。

另外，在"国民"和"国家"的视角上，还可以再增加"世界"视角："在欧洲，消费税率超过10%的国家不在少数。即使在亚洲和中东地区，也有很多国家的消费税率超过了10%。"加入这一视角之后，对"增税"的看法又有很大变化。视角越多，文章也会变得更立体、更敏锐、更让人信服。如果能和强调自我主张（故意用单视角叙述）的手法搭配使用，那就更理想了。

▪ 增加视角的训练

要从各个视角对事物进行叙述，平时就需要养成增加视角的习惯，在此，我推荐"增加视角的训练"。

例如，你刚从国外旅游回来时，能收集到哪些视角呢？请思考一下。以下举出几例：

·食物、物价、经济状况、活力、自然、文化、语言、治安、政治、历史、国民气质、景观、特产……

如果能收集到这么多视角，就一定能写出有趣的游记来。

你刚看完电影时，能收集到哪些视角呢？

·故事、出场人物、场面、台词、画面、音乐、剪辑、导演、演员、演员的演技……

你刚在餐馆用餐后，能收集到哪些视角呢？

·菜单、味道、室内装修、氛围、餐具、地点、待客热情、服务、餐馆特色、价格、顾客人数……

"菜单"和"味道"是比较容易想到的视角，而"待客热情"和"餐馆特色"也许就不是每个人都能想到的。当然，除了我这里列出的之外，有人还能收集到更多的视角吧（要的就是这种状态）。

关于电影的视角，还有"票房收入""字幕""外景"……关于餐馆的视角，还有"食材""背景音乐""顾客群体"……收集尽可能多的视角，正是这项训练的目的。如果你已经确定在文章中写什么内容，收集视角时就能更有针对性。

如果你觉得"很难找到其他视角"，有可能是头脑囿于惯性思维，太拘泥于视角的"正确性"。**其实，所有事物都能从多视角看待，不可能只有一个视角。**

当看不见其他视角时，不妨绕到事物背面、潜入事物底下，或者将事物扭转、拉伸、抛掷、敲打、揉捏，以发现新的视角——这一点很重要。如果只是默默地临渊羡鱼，谁也不会帮你找到新视角，只能靠自己努力。

现在，就以下的事物和题材，我们来收集一下各种不同的视角吧。

· 关于最近读过的书→作者信息、书的主题、话题性、读书动机、读后感……

· 关于自己所在的城市→房地产的行情、社会保障体系、学校数量、餐馆和酒吧等餐饮业……

· 关于自己的工作→工作内容、社会贡献度、职场氛围、薪酬……

·关于长年形成的某个习惯→做法、起因、效果、缺点……

·关于自己喜欢的菜肴→从什么时候开始喜欢的、喜欢的原因、大众评价、食材、味道、口感、外观、香味、配菜、在哪家餐馆能吃到、这道菜能否自己做、常吃这道菜的国家和地区……

视角本身并无正确和错误之分。对于写文章来说，"必须收集正确的视角"这一固定观念是非常有害的，应该趁此机会摒弃之。其实，在很多情况下，从出人意料的视角、奇怪的视角看问题，反而能写出有意思的文章来。对于自己收集到的视角，不要轻易地判断是好是坏，因为你不知道，究竟哪个视角才埋藏着"宝藏"。

21

深挖某种情绪的来由

——"为什么"的训练/喜怒哀乐的训练

朦朦胧胧，隐隐约约（模糊不清，闷闷不乐），模棱两可……**当你感觉疑惑（心情矛盾、困惑、纳闷、迷惘）时，如果能发现"疑惑"的来由，就说明你具备了写出深刻文章的素质。**

① 我看了正在公映的影片《××》。我觉得这是一部好影片，但至于自己喜不喜欢，却很难说清楚……感觉有些微妙。

这样的文章，会让读者也产生疑惑（莫名其妙）。作者大概不太喜欢这部影片吧，但至于为什么不喜欢，作者自己也不清楚，结果，就写出这样含糊不清、对读者来说不痛不痒的文章来。

② 我看了正在公映的影片《××》。这部影片真实地刻画了主人公的情感变化，确实值得一看，而且演员们的演技也非常精彩。

但遗憾的是，影片中的时代考证混乱不堪。故事发生在泡沫经济鼎盛时期的1988年，但主人公乘坐的轿车竟然是斯巴鲁impreza翼豹——这款车型在当时还没有出现呢。而且，主人公家里还摆放着一款当时还没问世的家用游戏机。另外，影片中的女人们几乎全都把头发染成了褐色。我记得，当时的主流应该还是黑发吧？！另外，影片中还随处可见一些缺乏真实性的情节，例如：讲到女学生为求职而苦恼——其实当时企业的用人需求要远远超过求职人数……也许有的观众觉得不以为意，但对于我来说，时代考证混乱的影片是很难接受的。

①没有说明作者不喜欢这部影片的来由，而②则明确地列了出来——作者对"时代考证混乱"的影片不太感冒，这样，读者就不至于产生疑惑。②具备了①所缺少的"深挖力"，所谓"深挖力"，顾名思义，就是指深入挖掘事物的能力。①没有深入挖掘产生疑惑的来由，而②则进行了深入挖掘。

如果你感觉疑惑却又不深挖其来由，就会写出像①这样的浅薄文章。相反，如果能深挖疑惑产生的来由，就能写出像②一样清晰易懂的文章来。

③ 位于箱根的这家××旅馆，建筑物很陈旧，伙食也不算高级。然而，不可思议的是，我却感觉住得很舒服。

看了这句话，肯定会有读者觉得疑惑吧："建筑物和伙食都不好，为什么会感觉住得舒服呢？"因为原文中只是说"不可思议"，而没有说明具体的原因——也可能不是作者"没有写"，而是"写不出来"。为什么感觉住得舒服，恐怕连他自己也不太清楚吧。

④ 位于箱根的这家××旅馆，建筑物很陈旧，伙食也不算高级。然而，不可思议的是，我却感觉住得很舒服，可能是因为老板娘和员工们服务周到的缘故吧。

③没有写明住得舒服的原因，而④则写明"可能是因为老板娘和服务员们服务周到的缘故吧"。这样写，读者应该就不至于产生疑惑。作者只有坦诚地审视（挖掘）自己内心，才可能

写出某种情绪的来由。

当然，③这样的文章也不是说绝对不行。为了营造神秘的气氛或留下余韵而"故意语焉不详"——这也是一种写法，是文章达人的写作技巧，关键要看这样写是否有"目的"。如果没有"目的"，还是把原因写清楚更加明智。

下面再举一例。假设星期天傍晚你独自一人在家里看书时，突然感到很"寂寞"。为什么会感到寂寞呢？如果不深挖产生这种情绪的来由，就无法写成文章。

· 今天家里人都外出了；

· 突然为自己的将来感到不安；

· 当时播放的音乐颇有寂寥之感；

· 回想起小时候的一段往事。

人的情感是很复杂的，难免也会有"不知何故感到很寂寞"的时候吧。不过，一开始就放弃思考的"不知何故"，与审视自己内心得出的"不知何故"，其实是大相径庭的。

而且，即便在审视自己内心之后得出"不知何故"的结论，这个过程也并非毫无意义，因为可以把这个过程写成以下的文章：

星期天傍晚，不知何故我突然感到很"寂寞"。其实，中午我和朋友一起（高高兴兴地）吃了顿午饭。而且我又喜欢上班，没有周一恐惧症，但我确实感到了寂寞。为什么呢？我想来想去都没弄明白。也许，是因为"周日黄昏寂寞人"的信息烙印在我的DNA里了吧，呵呵。想不明白的事，就当作"神在冥冥之中自有安排"好了，这样比较明智。所以，不如先把寂寞搁在一边，先煮个意大利面，以面消愁吧。

像这样，把审视自我的过程写下来，也是一种高超的写作技巧。因此，即便没挖掘到"寂寞"的来由，也大可不必灰心。

对朦胧不清的情绪进行挖掘时，最有力的武器是问"Why（为什么）"。

如果是刚才举出的例①，可以问自己："为什么感觉有些微妙呢？"如果是例③，可以问自己："为什么感觉住得舒服呢？"对于朦胧不清的情绪追问为什么，就能使原因浮出水面。

很多人都听说过丰田公司"连问五个为什么"的做法吧——当出现问题时，连问五个为什么，就能找出事物的因果关系以及隐藏于其中的真正原因。

这个方法对于挖掘某种情绪的来由也非常有效。"为什么"就像一把深挖的铲子，**只要熟练灵活地运用它，就能源源不断**

地收集到写作素材。

▪ "为什么"的训练

等到写文章时才拼命"深挖"，肯定会一筹莫展。平时就必须有意识地审视自我（自己的情绪），否则甚至可能意识不到自己情绪上的疑惑。

相反，如果平时就养成用"为什么"审视自我的习惯，到写文章时，就能顺利地解开情绪上的疑惑。

在这里，我向各位推荐"'为什么'的训练"。当你感觉到"不知为何""奇怪""不可思议"时，就是开始训练的信号。

· 不知为何今天感觉不开心；

· 不可思议的是，我高兴不起来；

· 不知为何最近没什么干劲；

· 今天的聚会竟然喝得很开心；

· 今天感到格外开心。

当你感觉到"不知为何……""奇怪的是……""不可思议的是……"这样的情绪时，请用"为什么"进行深挖，以便找出这种情绪的来由（原因）。

·不知为何今天感觉不开心→（为什么？）昨晚和男朋友吵架了。

·不可思议的是，我高兴不起来→（为什么？）虽然是赞扬的话，但似乎暗含讽刺。

·不知为何最近没什么干劲→（为什么？）现在的工作是奉上司之命而做的。

·今天的聚会竟然喝得很开心→（为什么？）明天开始放暑假了。

·今天感到格外开心→（为什么？）住院的母亲可以出院了。

当然，故意把"不知为何""奇怪""不可思议"等情绪的来由按下不表，以此吊读者胃口，这也是一种写作技巧，但不能以此为借口而疏于进行审视自我的训练。

就像隐藏于云间的富士山突然现身时一样，当朦胧不清的情绪豁然开朗时，这种感动是无法言喻的。你应该为自己在审视自我情绪上花费了时间和精力而庆幸，因为辛苦挖掘出来的东西，十有八九都是值得写进文章里的。

如果你想成为写作高手，对于朦胧不清的情绪，无论何时

都不能弃之不顾，各种情绪必有其来由。这项审视自我情绪的"'为什么'的训练"，不仅可以"收集写作素材"，还是一次绝好的机会，帮助我们了解难以捉摸的"自己"的本质。

■ 喜怒哀乐的训练

我再推荐另一个对审视情绪非常有效的训练方法——"喜怒哀乐的训练"，也可以认为是"'为什么'的训练"的升级版。

人有四种基本情绪：喜怒哀乐。当产生这些情绪时，我们需要审视自我，弄清楚产生这些情绪的原因。

例如，当你看见同事正在工作时，心中莫名其妙地产生焦躁之感。这时，就需要考虑一下为什么会这样。审视自我之后，或许就会意识到："原来是因为自己妒忌工作出色的同事。"

又如，当你去到人群混杂的场所时，会感到莫名兴奋。这时，就需要考虑一下为什么会这样。审视自我之后，或许就会回想起来："自从懂事时起，我就很喜欢参加人群拥挤的庙会活动。"

人的情绪的根源出乎意料地难以捉摸，所以被自己的情绪欺骗之事也屡见不鲜。正因如此，越是产生复杂的情绪时，越需要慎重地进行深挖。

　　比方说，乐于助人的人自我分析道："为什么我这么乐意去帮助别人呢？"然后往往会得出"我喜欢看见别人的笑脸"之类的答案。可是，当你认真地审视这种情感的内核，却发现真实原因是："我希望给别人留下好印象。"这样的情况也并不少见。

　　请容我再重复一遍：人的情感是很复杂的。可是，正因为复杂，正因为难以捉摸，自我审视才更有意义。只要你挖掘到真正的原因，就能写出深刻的文章、有趣的文章、值得一读的文章来。

　　当要写"情绪"（情感）时，找到其来由的人和没找到来由的人，文章质量也大相径庭。当然，我们的目标是成为前者。

22

通过描写细节来吸引读者的兴趣

——描写细节的训练

这电影真好看。

这现场演奏会真感人。

这担担面真好吃。

这桌子真脏。

"好看""感人""好吃""脏"……仅凭这些描写"表层"的词语，不可能充分地表现心理和事物的状态。

如果你想吸引读者的兴趣，就不能只描写"表层"，而必须描写"深层"。为此，需要具备"细节描写力"。

所谓"细节描写力"，顾名思义，就是描写细节的能力。

写文章时，这种能力适用于描述各种事项，包括前一章提到的"情感"，还有感觉（视觉、听觉、触觉、味觉、嗅觉）、回忆、事实、风景、模样……

　　这电影真好看。爱与恨，期待与不安，希望与绝望……一对对矛盾的要素细致地交织在故事中，就像错综复杂的人类社会缩影，真实的剧情令我沉浸其中。

　　这现场演唱会真感人。虽然伴奏比较粗糙（粗犷），主唱也并不出彩，但这四位成员所迸发出来的激情，却俘获了我的幼小的心灵。我再次体会到：他们的演唱会不是光靠"听"，而是要用心去"感受"的。

　　这担担面真好吃。含着面汤的瞬间，嘴里充满了芝麻的香味和浓烈的麻辣，顿时感觉置身于幸福之中。面吃起来也滑溜溜的，深得我心。

　　这桌子真脏。乱七八糟的资料和书堆积如山，资料和书堆缝隙间露出勉强可称为"桌面"的些许空间，上面铺（积）了一层新雪似的灰尘，用手指都能写出字来。另外，还七零八落地扔着廉价圆珠笔、笔头有牙痕的铅笔、黑黑白白的橡皮渣、软塌塌的橡皮筋、吃剩的半块糕点、擦过鼻涕的纸巾……还有很多别的杂物，但也不必（无心）再列举下去了。光是看一眼这桌子，就觉得心情忧郁。

　　像这样，充分地描写细节，能增加真实感，吸引读者的兴趣。

　　我们经常能碰到这样的题目："写一件最近发生的令人高兴的事。"有人只会用"最近令人高兴的是……""……真让人高兴"这样千篇一律的表达法。

　　昨天我收到一封信，从信封里取出书信的瞬间，我忍不住握拳挥臂（摆出个胜利姿势），信上面赫然写着"录取"两个字。

　　擅长细节描写，就可以这么写。没用"高兴"一词，却能传达出欣喜之情。

　　"上帝存在于细节之中。"

　　这句格言的意思是："如果忽略了细节，就不可能获得整体美。""细节的完成质量，决定了作品的价值。"这句格言深得艺术家和建筑家们的喜爱。其实，这句格言也适用于写文章方面。擅长细节描写的文章里，有一种吸引读者兴趣的力量。

　　在拼图游戏中，把每一小块拼起来才能变成一幅画。在电影里，把每个镜头组合起来才能变成一个故事。写文章也一样，把每个细节组合在一起，才能真实地呈现出画面和情节（或信息）。

为了写好细节，作者自身当然必须把握各种细节——情感、感觉、回忆、事实、风景、模样……对于成为描写对象的心理和事物状态，必须仔细观察，把握细节。先把握细节，然后再详细地加以描述。

以刚才的"邋遢桌子"为例，作者积累了这些细节：

"乱七八糟的资料和书""勉强可称为'桌面'的些许空间""新雪似的灰尘""廉价圆珠笔""笔头有牙痕的铅笔""黑黑白白的橡皮渣""软塌塌的橡皮筋""吃剩的半块糕点""擦过鼻涕的纸巾"……通过这些细节，就能把"邋遢桌子"表现得淋漓尽致。如果削减为五处或三处，真实感会相应地变弱，而读者的兴趣和关注也会随之减少。

顺便一提的是，上文主要是以"视觉描写"为中心。如果再加上嗅觉描写"刺鼻的烟味儿"，再加上触觉描写"汗湿的黏乎乎的抽屉把手"，那么读者脑海中的"邋遢桌子"形象应该会变得更立体吧。

▪ 细节描写的训练

对于心理和事物状态，如果只是茫然地呆看着，写文章时是做不好细节描写的。为了培养细节描写力，平时需要进行"细节把握→描写描写"的训练。

我在此推荐的"细节描写的训练"，并不用动笔写，而只需在头脑中进行就能取得显著的效果。偶然看见的事物、呈现在眼前的光景、特别的经验和体验、被激起的情感或感觉……可以围绕其中某个题材，在头脑里列出各种细节。

● 患流感时

整体描写：身体很难受。

列出细节：发冷、高烧39.5度、关节疼痛、流出黄色黏稠的鼻涕和痰、咳嗽不止、额头和后脑隐隐作痛、没有食欲、身体像灌了铅一样沉重、出汗多、头脑空白、做噩梦……

● 坐在面前的同事的脸

整体描写：是个大帅哥。

列出细节：皮肤有光泽、高鼻梁、双眼皮、眉毛浓密而粗、清晰的眼睫毛、眉毛和眼睛贴得很近、脸颊棱角分明、肤色较白、嘴角上扬、薄嘴唇、整齐的牙齿、一笑就有酒窝……

● 经常光顾的小酒馆

整体描写：很有昭和时期①的复古情调。

列出细节：三张木桌和五个座位的吧台、桶状木椅、蔓藤花纹的座垫、天花板悬挂着写着"HOPPY酒"字样的灯笼、天花板悬挂着无数电灯泡、墙上贴满了用毛笔手写的菜单、柜台里摆着一升瓶装的烧酒和日本酒、用于烧烤的炭炉、放在桌边的扇形菜单、一次性筷子筒、牙签筒、酱油瓶、盛着冰镇啤酒的大杯子、小菜有油炒牛蒡丝和芋头、仙鹤形状的纸制筷子架、摆在最里面的老民谣吉他……

● 眼下的工作内容

整体描写：营销业务。

列出细节：参加营销会议、走访客户、联系客户、准备演示资料、制作提议书、制作广告单、制作报价单、制作合同书、制作会议资料、制作及管理客户名册、发送电子杂志、制作直邮广告、整理名片、报销经费、制作报告书、商品反馈、处理

---

① 昭和时期：1926-1989年。

投诉问题、讨好上司……

　　所有的事物和人都能成为训练的题目，例如："自家厨房的状况""坐电车上班时的车内状况""从私家车驾驶室看见的车窗风景""职场办公室的情形""附近公园的景色""随身携带的挎包和钱包里的东西""从箱根驹之岳眺望的风景""正月的街市景象""自己喜欢的运动项目的规则""超市蔬菜区的情形"……当然，你也可以化身为电视里的记者，在头脑中进行现场直播报道："今天超市里的黄瓜大减价，一根五十日元。哇，旁边还有当地农庄种植的刚摘下来的新鲜番茄。还有深谷市的特产大葱，摆出一副得意洋洋的模样……"

　　当这项训练形成习惯之后，我们对事物的看法也会发生变化，学会用"虫眼"（即观察细处的眼睛）看世界——原先模糊不清的世界将变得真真切切，有色彩，有声音，有气味，有形状……

　　"噢，原来这家商店里有这样的东西呀。"

　　"噢，原来这个人喜欢穿这种色调的衣服呀。"

　　"噢，原来这家咖啡馆里播放着音乐的呀。"

"噢，原来我自己有这样的想法呀。"

……

所有的发现都很宝贵。如果说原先看见的风景就像"钢琴伴奏加演唱的单音源"（平面的），那么发现各种细节之后，则变成了"经过精心编曲的、声音层次丰富的完美版"（立体的），虽然旋律相同，但给听众带来的印象却大不一样。

23

提高"发现力"，就能找到取之不尽的素材

—— "乘法" 的训练

"我的写作素材用完了，怎么办呢……"

经常有些定期供稿（写作）的人来向我咨询。从结论来说，写作素材并不是"用完了"，而只是自己"以为用完了"而已。确实，如果所有素材都要从自身内部寻找，那么迟早都会走进死胡同。无论一个人的吸收量有多大，他的知识和信息总是有限的。

而那些拥有无穷无尽的素材的人，则善于从"自身以外"（即外部）寻找灵感。**放眼看看自己周围，写作素材随处可见。如果能意识到这一点，不仅能源源不断地找到素材，还能源源不断地写出文章来。**

从外部找到素材之后，应该怎么办呢？——应该和自己擅长的内部素材结合在一起。也就是说，运用"外部素材×自己擅长的素材"这一乘法公式来写文章。

我擅长的专业领域是"文章写作法"，所以会运用以下的乘法公式：

· 圣诞节×文章

· 奥运会×文章

· Yahoo资讯×文章

· 啤酒×文章

考虑到有的读者大概看不明白，那我就稍微解释一下：

· 圣诞节×文章→小孩子向圣诞老人索要圣诞礼物的许愿信×委托客户的邮件的写法。

· 奥运会×文章→奥运会选手提高专注力的方法×写文章时提高专注力的方法。

· Yahoo资讯×文章→Yahoo资讯的标题×邮件标题的写法。

· 啤酒×文章→第一杯啤酒刚入口的美味（芬芳）×文章开头的趣味（巧妙）。

以下是我以前发在Facebook上的一篇文章：

几天前，我女儿参加了"日本初中舞蹈锦标赛"全国总决赛。赛后，一位担任评委的专业舞蹈家在点评中说了这么一句话：

"得分高的参赛队伍，一定考虑过（注重）自己的舞蹈阵形在观众眼里是什么样的，而且也做了充分的研究。"（大意如此）

这位评委并没有大谈舞蹈技术和表演，而是从观众的"视角"向参赛选手们提出了建议。

他说得很有道理。

选手们注重于技术和表演，这是可以理解的。

其中也不乏全身心投入舞蹈的选手吧。

然而，观看舞蹈的人在观众席上，他们从观众席望向整个舞台。

无论选手们的主观意愿如何，整个舞蹈阵形都会被观众看在眼里。

当然，作为舞蹈，每位选手的技术和表演也是看点之一。

然而，最能打动观众的，却是舞蹈阵形变化时所带来的美感和惊喜。

那位评委大概是想说："请树立客观视角的意识，多考虑自己的舞蹈在别人眼里是什么样的。"

客观视角的重要性，并不仅仅存在于舞蹈之中。

比如说，写文章也是如此。

很多人写文章时只顾随心所欲地写，只有极少数人会客观地考虑：这篇文章在读者眼里是什么样的？会被读者如何解读呢？

其实，只要有读者存在，这种"客观性"就非常重要。

自己想传达的信息，如果随心所欲地写，就未必能打动读者。

这一点和舞蹈一样：无论每位选手的技术和表演有多么出色，都不一定能打动观众。

关键是要从读者的角度出发，自己这篇文章是什么样的？会被如何解读？

"文章"好比舞台上的舞蹈选手，而"读者"就是观众席上的观众。

你写的文章，在观众席上的观众眼里是什么样的？

只有理解了观众的心理，才能写出吸引人的文章。

在这篇文章里，我运用了乘法公式：

"前半：外部素材（舞蹈大赛评委的点评）×后半：自己擅

长的素材（文章写作法）。"

如果只用自身内部素材，只能写出"文章的客观性很重要"这种规规矩矩的文章来。

而当我听到那句点评时，瞬间就产生了灵感："用这个素材引入话题！"这样写更能吸引读者的兴趣。

我再介绍另一篇发在Facebook上的文章：

前几天播放的纪录片《热情大陆》里，唱作型歌手miwa说过这么一番话：

"我知道自己并不是一气呵成地写出歌词佳作的天才，所以我会不断地修改。第一稿，第二稿，第三稿……先写出来，然后再慢慢打磨。虽然自己只是一颗小石子，但通过不断的打磨，终究也会发光发亮，也会为人所知的。"

我对这番话深有同感。

写文章也一样。

好文章一挥而就。

——世界上确实有这种才华横溢之人。

但我知道自己并不是。

恐怕大多数人也不是吧。

所以重要的是，不断地打磨这颗小石子，使它发光发亮。

即使不如miwa这般刻苦，只需稍微打磨一下，文章就会焕发出光彩。

打磨一下就够。

我经常提倡：写文章要"热情地下笔，冷静地下刀"。

这"冷静地下刀"，其实正是打磨小石子，使它发光发亮的一道工序。

"下笔"是为了自己。

"下刀"（打磨）是为了读者。

在这篇文章里，我运用了乘法公式：

"前半：外部素材（miwa说的话）×后半：自己擅长的素材（文章写作法）。"

和刚才那篇关于舞蹈的文章一样，当我听到miwa的那番话时，瞬间就决定："把这个作为写作素材！"

想要从外部获取写作素材，需要安装"天线"，每天随时收集可能成为素材的信息。

我自己会经常环视周围，看看有哪些能和"文章写作法"相结合的素材。如果不是这样，当我听到舞蹈点评或miwa说的话时，就不可能想到要"把这个作为写作素材"！

"安装天线"——换言之，就是"提高发现力"。实际上，这个"发现力"正是传说中的"灵感"的真身。所谓"灵感",是指把A和B两个不相关的信息结合起来的能力。牛顿看见苹果从树上掉下来而发现了"万有引力法则",其实正是把两个不相关的信息结合起来——换言之,就是拜"灵感"所赐。

从外部获取素材,不仅能起到"源源不断地获取写作素材"的效果。而且,以新鲜资讯、热点时事、大多数人的关注焦点引入话题,还能吸引读者的兴趣。

找到两者之间的本质共同点,是"乘法"取得成功的秘诀。以刚才举的两篇文章为例:"舞蹈"和"写文章"的本质——"客观视角的重要性";"miwa写歌词"和"写文章"的本质——"打磨的重要性"。正因为我找到了它们之间的本质共同点,所以才能运用"乘法"来写。只要我们学会了从外部获取写作素材,就能和"素材枯竭"之忧虑说拜拜了。除此之外,写文章时还能找到许多新鲜有趣的切入点。

▪ "乘法"的训练

对于用"乘法"写文章,学习如何将不同信息相结合的"'乘法'的训练"是非常有效的。有A和B两个信息时,我们要找出两者的结合点——"共同点"。

· 减肥×工作效率→削减多余的东西

· 运动员×考生→正式比赛或考试前的心理调整方法

· 下雨×感冒引起发烧→虽然很讨厌，但却很难避免

· 酒×药→过量则有毒害

· 盒饭×购物商场→丰富多样

· 河流×人生→无法逆流前行

像这样，思考两者之间的"共同点"是什么。比较对象可以是任何事物，无论是如何不相关的事物，都一定会有某处共同点。不要轻易放弃，而要耐心思考，锻炼寻找共同点的能力。

比方说，如果你经常写"育儿"方面的文章，那么不妨尝试找出育儿与其他各种信息之间的共同点吧。

· 语言学×育儿，健康×育儿，兴趣爱好×育儿，炒股×育儿，旅行×育儿，税收×育儿，室内装修×育儿，道路×育儿，飞机×育儿，气球×育儿，服装×育儿……

如何？大家能找出哪些共同点呢？即使你对育儿不感兴趣，也请好好思考一下。

例如："飞机×育儿"的共同点是"起飞之前最需要花费

力气";"气球×育儿"的共同点是"吹进太多空气就可能会破裂"……围绕着这些共同点,说不定能写出有趣的文章来呢。"税收×育儿"呢?——所谓税收,是国家和地区为了提供公共服务而向国民征收钱财的资金筹措体系。那么,父母为了提供某项服务而向小孩征收的东西,又是什么呢(压岁钱)?按这种思路,说不定能写出观点有趣的文章来呢。

如果你经常写某个专题的文章,不妨把"育儿"替换成你的专业领域。例如,如果你专门写健身方面的文章,那么可以尝试这样的训练题:"飞机×健身""气球×健身""税收×健身"……一定能找到它们之间的共同点。

当然,也可以用玩游戏的心态进行训练——偶然看见什么事物就找出其共同点:"出租车×晚霞""星空×牙科医生""胡萝卜×发型"……多人一起玩会更热闹。经常训练,能提高"发现力(灵感)",更敏锐地找到事物之间的共同点。为了写出独具魅力的观点,请一定要好好地磨炼这项技术。

■ 第 5 章

写出吸引读者的文章的训练

24

开头就要打动读者

——领会广告词的训练

你难得有兴致去看一场电影，结果却因为影片开头太无聊而失去兴趣。——大家都有过类似的体会吧？！

如果一开头抓不住观众的兴趣，后面想要挽回就很难了。除了电影之外，漫画、小说、戏剧、相声、演讲、方案演示等，莫不如此。当然，文章的"开头"也同样重要。

① 今天我来介绍一下博客的写法。

对写博客有畏惧心理的人，也请耐心看完。其实，写博客时最重要的是"文章标题"。

② 你的文章没人看。

不要说全篇，很可能连一个字都没人看。其实，写博客时最重要的是"文章标题"。

①和②，哪一个会让你更有兴趣继续往下看呢？毫无疑问是②吧。①和②的差别，就在于"开头"。

无论你后文说得如何天花乱坠、如何有意义，如果读者对文章开头不感兴趣，可能就不会再继续往下看了。如果你希望读者认真地、仔细地看你的文章，就应该在"开头"下足功夫。

③ 互联网已经普及多年，而今，使用智能手机的人越来越多。

毫无疑问，智能手机是非常方便的工具，然而，一旦使用方法稍有差错，就会产生新的烦恼。

④ 如今，成为智能手机奴隶的人正急剧增加。

坐电车上班或上学途中，步行的时候，浴室里……无论何时何地，都和智能手机在一起。

毫无疑问，智能手机是非常方便的工具，然而，一旦使用方法稍有差错，就会产生新的烦恼。

看完开头第一句，更有兴趣继续往下看的，应该是④吧。

③的开头泛泛而谈，单调乏味："互联网已经普及多年。"而④的惊人之语（耸人听闻）却令人印象深刻："成为智能手机奴隶的人正急剧增加。"看了这句话，有人深受触动，也有人表示反对："我现在正开开心心地玩着智能手机，怎么会成为奴隶呢……不可能！"

然而，即便是反对的人也会感到好奇（纳闷）："咦，这位作者为什么说我们是奴隶呢？"也就是说，产生了继续往下看的兴趣。③和④的差别，同样也在于"开头"。

如果能让读者产生如下反应，就说明这"开头"是成功的，读者很可能会继续往下看。

・咦？真厉害！什么回事？真的假的？真好！真有趣！啊？真可怕！真担心！这事和我密切相关！好像挺有用的！真好玩！……

仔细一看，这些反应后面的标点符号都是"！"或"？"。"！"或"？"表明读者的情绪有很大波动（触动）。

人是有情绪的动物，如果情绪平静如水，则很难产生兴趣。反过来说，如果情绪有波动，就容易产生兴趣。总之，想要写出成功的"开头"，就必须让读者有反应——无论是"！"还是

"？"，无论是赞同还是反对。

话虽如此，但很多人还不明白如何能让读者有反应。所以，有必要了解一下人的心理——特别是人的"欲求"。

· 想获利；不想吃亏；想了解资讯；想体验；想成长；想消除不满、不安和紧张情绪；想摆脱疼痛和烦恼；想要安稳；想图方便；想心情舒畅；想拥有自信；不想花时间；想削减浪费；想获得钱财；想要〇〇；想提高〇〇技术；想做出〇〇成果；不想努力（想贪图安乐）；不想被〇〇束缚；想让心情安定；想获得别人好评；想获得别人赞扬；想保持优越感；想更好地展现自己；想和别人成为同伴；想寻求刺激；想感受怀旧之情；想返老还童；想永葆青春美丽；想寻求精神慰藉；想被别人追捧；想被别人爱……

像这样，人有着各种各样的欲求。哪种欲求比较强烈则因人而异，有的人渴求发展，有的人渴求被认可、被赞扬，有的人则有强烈的物欲。

那么，你这篇文章的读者有着什么样的欲求呢？如果能看出这一点，那么在文章开头抓住读者兴趣也并非难事，只需对其欲求稍加刺激即可。

② 你的文章没人看。

④ 如今，成为智能手机奴隶的人正急剧增加。

　　这两个开头正是对读者的欲求加以刺激。②是针对"不想吃亏""想消除不安情绪""想削减浪费""想提高○○技术""想做出○○成果"的欲求，而④则是针对"想消除不安情绪""不想花时间""想削减浪费""不想被○○束缚"的欲求。让人想继续往下看的文章，其深层里多多少少隐藏着人的"欲求"。

　　既然文章"开头"承担着"吸引读者兴趣、使其继续往下读"的任务，那么它的重要性就和其他部分不可等量齐观。我每次写完一篇文章，必定会重点地对"开头"进行重新审视。

▪ 领会广告词的训练

　　"文章开头无异于广告词。"

　　我在培训班和讨论会上经常强调这一点。一说到"广告词"，大家的印象可能是"用于商品广告宣传的文案"吧。不过，从广义上来说，世界上还有很多文章语句能起到类似广告词的作用吧。

·宣传单和海报的标题、招牌、直邮广告的标题、购物广告、张贴广告的标题、商品包装上的广告词、策划书的标题、名片上的头衔、宣传册的标题、邮件的标题、博客文章的标题和开头、Facebook的开头、主页和营销网页的标题文字、视频的标题和字幕……

以上这些文案，都是要以"开头"打动读者，否则就无法让读者产生兴趣，继续往下读。反过来说，如果你擅长写"广告词"，自己写的文章就有人看，就能通过这文章得到自己想要的结果。

为了提高写广告词的能力，请大家来挑战"领会广告词的训练"。——在日常生活中，当某句广告词跃入眼帘时，我们就要思考：它是为了刺激"谁的"欲求、"什么样的"欲求?

·"努力的人，享受一段慵懒的时间。"（Doutor咖啡的广告词）→大概是为了刺激繁忙的商务人士"想寻求精神慰藉"的欲求吧?

·"昭和时期的家乡风味酱汤"（某个食堂的张贴广告）→大概是为了刺激经历过昭和时期的人"想寻求精神慰藉"和"想感受怀旧之情"的欲求吧?

像这样，站在作者的立场，思考广告词是为了刺激"谁的"欲求、"什么样的"欲求？当轮到自己动笔的时候，这种"揣测作者心情"的能力将会转化为"揣测读者心情"的能力。

·"能靠网上兼职赚钱的人，何处与众不同！"（《周刊SPA！》特辑的标题）→大概是为了刺激对自己收入感到不满的人"不想努力（想贪图安乐）""想寻求刺激""想获得钱财""想要安稳""想了解资讯"的欲求吧？

·"对自己没有信心的人的五个坏习惯（通病）。"（电子杂志的标题）→大概是为了刺激对自己没有信心的人"想增强自信心""想获得别人好评""想进一步成长"的欲求吧？

世界上充斥着各种各样的广告词，这些广告词都是企图运用某种手法来打动读者。以前对于广告词不以为意、过目即忘的人，从今天开始，也请以"作者意识"来领会广告词吧。

当自己对广告词动心时（深有感触），就要考虑："为什么我被打动了呢？"当自己不为所动（无动于衷）时，也要考虑："为什么我没有被打动呢？"在找原因的过程中，写广告词的能力会得到逐步提高。

对于水平较高的人，我再介绍一项训练方法。这项训练是在看了广告词而不为所动时进行——既然不为所动，那么自己就需要思考："怎样修改才能变成令人动心的广告词呢？"关键是要揣测读者的心理。

·"广告词的培训"（培训班的名称）→"让销量猛涨的广告词的写作培训"。

·"有魅力的文章写作法"（博客文章标题）→"写文章使你具有'被讨厌的勇气'[①]"。

·"非常简单的食谱"（在超市领取的自制食谱）→"外行也能3分钟搞定的绝妙食谱"。

·"关于本公寓楼的停车场"（公寓楼大堂的张贴告示）→"危险！防止小孩受伤！"

·"经验丰富、值得信赖的防震检测"（住宅楼防震检测的广告）→"您家的房子真的不会倒塌吗？"

广告词的修改方案尽可能不限于一种，而是多多益善，即使是专门的文案撰稿人，也很难一下写出精彩的广告词。就好比打棒球一样，关键是要尽可能多地"击球"。多设想不同的广

---

① "被讨厌的勇气"：出自一本畅销书的书名《被讨厌的勇气："自我启发之父"阿德勒的哲学课》。

告词方案，就能提高打动读者的概率。

　　如果身边有聊得来的亲戚朋友，不妨把原版的广告词和自己的修改版拿给他们看，询问："哪一个更能吸引人往下看？"如果你的修改版被一下选中，就说明修改得很成功。如果没被选中，则要认真地寻找原因。

25

用引号增加临场感

——表达心情的训练

你平时经常使用引号吗？如果答案是否定，那么从今天开始不妨积极地使用引号吧。引号里可以是对话、自言自语、心理活动等内容。**加入引号，就能增加临场感，更充分地传达你想传达的信息。**

例如，用邮件向上司汇报工作时，与其平铺直叙："A公司的清水总经理也给予了好评。"不如用引号加入原话："A公司的清水总经理也给予了好评，他说：'这次设计的海报很有吸引力。'"这样能把意思传达得更加充分。

① 看电影时，我不由自主地陷入了沉思。

② 看电影时，我不由自主地陷入了沉思："如果我是主人公，该怎么办呢？"

这是影片的观后感。相比之下，②用引号提示的心理活动更有感染力。

③ 儿子把玩具怪兽狠狠地扔在地上。
④ 儿子把玩具怪兽狠狠地扔在地上，连怪兽都似乎感觉到了疼痛。
⑤ 儿子把玩具怪兽狠狠地扔在地上，耳边仿佛听到怪兽的惨叫声："哎哟，痛死了！"

临场感按③→④→⑤的顺序递增。④"连怪兽都似乎感觉到了疼痛"虽然也能表现怪兽的心情，但比较客观。而⑤用引号直接传递怪兽的心声"哎哟，痛死了"，这种主观的表达法更生动，也更有感染力。

⑥ 吸烟派和禁烟派都各执一言。
⑦ 吸烟派理直气壮地说："吸烟有助于消除郁积在心里的紧张情绪。"禁烟派则反驳道："简直胡说八道，吸烟有百害而

无一利。"双方各执一言。

⑦用引号直接表达吸烟派和禁烟派的观点，比⑥更能吸引读者的兴趣。⑥叙述的事实虽然也能理解，但很难打动人，读者看完三秒钟之后就会忘得一干二净（抛诸脑后）。

⑧ 为怯场症而苦恼的各位朋友，我要向你们推荐这张《每日三分钟冥想DVD》。

⑨ "每次站在众人面前，我就变得头脑一片空白，说不出话……"为怯场症而苦恼的各位朋友，我要向你们推荐这张《每日三分钟冥想DVD》。

《每日三分钟冥想DVD》的目标群体是有"怯场症"的人。与⑧相比，⑨直接传达出他们的心声，更能吸引他们的兴趣。其中，有人看到"每次站在众人面前，我就变得头脑一片空白，说不出话……"这句话时，才突然意识到："咦，这不是在说我吗？"可见，从"促进读者的自觉意识"这一点来看，⑨也比⑧强。

现在，我也来试写一篇"传达心声的文章"：

⑩"每次站在众人面前，我就变得头脑一片空白，说不出话……"一看到这句话，有人就会立刻意识到自己的怯场症："咦，这不是在说我吗？"

"咦，这不是在说我吗？"这句话就属于"传达心声"的文章。如果不用这句话，那就变成像下文一样：

⑪"每次站在众人面前，我就变得头脑一片空白，说不出话……"一看到这句话，有人就会立刻意识到自己的怯场症。

虽然也能充分表达意思，但相比之下，还是用引号直接表达心情的⑩更吸引人吧？！

小说和散文也一样，比起平铺直叙的作品，还是节奏明快地加入对话的作品更有趣，大概是因为这样更能传达出气场和临场感吧。

对话、自言自语、心理活动……除此之外，当你想特别强调某个词的时候，引号也能派上用场。例如，前文出现过的"怯场症"，用引号把关键词括起来，这个词语顿时就变得熠熠生辉。可以说，这是作者发出的信号："请注意这个词语！"我在此书中也运用了大量的引号，请各位阅读时稍加留意。

▪ 表达心情的训练

为了能写出生动地表达心情的文章，平时就需要养成表达心情的习惯。 我们通过"表达心情的训练"来培养习惯吧。

在这项训练中，我们除了表达自己的心情，还可以（设身处地）积极地设想"别人""物体"以及"动物"的心情。除了绝对无法发出声音的场合下，请尽可能开口说出来——即"自言自语"。

·疲惫地回到家里时→（表达自己的心情）"哎哟，今天又忙了一整天，身体已经亮起燃油不足的警示灯啦！今晚舒舒服服地泡个温水澡，咕嘟咕嘟地喝杯啤酒，然后就去睡觉！"

·看着熟睡中的小孩的脸蛋→（设想小孩的心情）"今天玩得真开心，和小浩一起踢足球，然后和小桃打游戏又赢了。明天约谁一起玩呢？玩什么呢？"

·用平底锅炒青菜时→（设想青菜的心情）"啊，开始慢慢变热了。啊，太热了，太热了！经过这道考验，我就能变得更加美味！"

·看见小狗在烈日下溜达时→（设想小狗的心情）"夏天的路面热得太反常了。看看哪里有长凳没有？有就赶紧跳上去歇会儿，不然脚底都快被烫伤了！"

·看着运行速度缓慢的电脑→（设想电脑的心情）"又打开这么多程序！你若再这样，可别怪我不客气了！管你是不是我主人呢！"

·给盆栽浇水的时候→（设想盆栽的心情）"哇，谢谢。我正口渴得要命呢。求求你，今天多给一点儿吧。"

·用吸尘器清洁的时候→（设想吸尘器的心情）"今天又能美餐一顿了！队长，请把这个重任交给我吧，我一定把地板清扫得闪闪发亮！"

表达方法可以随心所欲，时而用严肃的语气，时而用幽默的口吻，时而用大阪方言……不断地寻求各种变化，这样表现力就会变得更加丰富。也可以根据设想对象的不同形象塑造角色——比如说，自动卸货卡车感觉比较"耿直"，而小型赛车则似乎有点儿"淘气"。刚开始可能有些难为情，不过当你"全情投入"地化身为扮演对象时，你的表现力就能更上一个台阶。没关系的，反正也没有别人看见。我想，你一定会很快上瘾的。

26

要有诚实表达的勇气

——认可他人的训练

世上到处充满了"社交辞令""客套话""圆滑的处世法"。每个人生来注定要在"社会"这个框架下生活，所以，看周围人的脸色行事是一种近于生存本能的"自我防御"，也是一种避免发生摩擦和纠纷的"规矩"。

不过，在写私人性质文章的时候，就不必过分拘泥于"社交辞令""客套话""圆滑的处世法"了吧，否则，难免会抹杀了作者的个性。

假设这么个情形：你看了一部口碑不佳的电视剧，但你觉得很好看，想在自己的Facebook上给这部电视剧点赞（评价），但又介意周围人的目光，唯恐自己被人耻笑。这么一想，也许就会做出如下的评价：

> 这部电视剧有各种各样的评价，我觉得还是挺有意思的。
> 主人公这么没出息，真受不了。

这么写究竟对谁有好处呢？——作者？读者？不，对谁都
没有好处。作者把自己的心声掩藏起来，所以读者只能接收到
与作者真实想法不同的信息。这样的写法，无异于本末倒置。

> 这部电视剧似乎口碑不佳。天啊（什么），对我来说，这可
> 是意外惊喜的神剧呀（给我惊喜之作）呀！特别是看到主人公
> 的窝囊之状（失意、没用、窝囊）时，我不禁怀疑："这不就是
> 在说我吗？莫非是采访了我的经历而拍成的？"这让我产生了
> 深深的共鸣。这样一部电视剧，怎么会是烂片呢？这是一首为
> 可爱的"没用男人"加油助威的歌曲啊！如果你觉得自己也是"没
> 用之人"，请一定不要错过这部电视剧！

这段文章比前文更有感染力，有些读者看了可能会产生兴
趣吧："噢，好像还挺有意思的，下周看一下。"

这段文章与前文最大的区别在于"诚实"。"这部电视剧似

乎口碑不佳"的开场白之后，就诚实地诉说自己的感想。

"对我来说，这可是惊喜之作呀！""这让我产生了深深的共鸣。""这是一首为可爱的失意男人加油助威的歌曲啊！"——如此直抒胸臆，所以才能打动读者的内心。

掩饰自己，迎合周围的评价，迎合多数派；或是因为同情"无用之人"而感到害臊，感到羞愧，感到丢脸……其实，这样做岂不是更丢脸？"不敢直抒胸臆"就等于"不诚实"。

当然，也有的读者会嘲笑说："哼，这算哪门子神剧呀！"对于这种反应，我们根本无须介意。因为，自己的诚实是不可能被所有人接受的，难免会有"感应不到的人"。这又有什么关系呢？反正你就是这么觉得的。**读者想看的，是你的"真实感受"。反过来说，如果你不敢写出自己的"真实感受"，那干脆什么都别写得了，这样无论对社会还是对自己都是好事。**

世上充斥着各种信息。有许多赶时髦（追随潮流）的人，一听说A正流行就扑向A，一听说B正流行就扑向B。可是，A和B的流行期限却很短，没过多久又被C和D所取代。过度的信息化社会令人不知所措，还会剥夺人们的"思考力"。我们应该如何改善这个反复无常的信息化社会呢？——现在，我们需要开始认真思考这个问题了。

这段文章的论调是批评"过度的信息化社会"。

可是，如果作者内心认为"问题出在受信息化社会摆布的人本身"呢？——那么，就可以说，这段文章"不诚实"。

许多人受到各种信息的摆布。一听说A正流行就扑向A，一听说B正流行就扑向B。自己没有动脑筋，处于思考停止的状态，而一旦出现了消极的结果，往往就把责任推给A和B。可是，他们却竟然还好意思向孩子们大谈什么"注意不要被信息所操纵"，真让人无语。

对于作者来说，这才是诚实的文章。不是把责任转嫁给"过度的信息化社会"，而是向"缺乏独立思考的人们"敲响警钟。也许有些读者会表示不满："你凭什么这么自以为是呢？"但同时也有很多读者对这篇文章产生共鸣或深有感触吧。

关键在于：在需要传达自己心声的文章里，我们要敢于不说违心话，拥有诚实表达的勇气。诚实地写文章的人，从不掩饰自己的心情，所以也不会郁积过多的压抑感，而且，当看见有读者产生共鸣和表示赞同的时候，还能体会到喜悦之情。这种喜悦之情，是那些为了迎合周围而写违心文章的人所不能体会到的。

当然，我并不是说"所有的文章都必须写真心话"。例如，写一些旨在传达信息的文章时，也许暂时把"诚实"收起来能获得更理想的效果吧，世上原本就有很多不宜掺入个人情感的文章嘛。至于某个场面究竟是否需要诚实地写，当然在下笔之前就应该做出判断了。

■ 认可他人的训练

不敢诚实表达的人，通常有"容易产生恐惧心理"的倾向，他们害怕因为诚实表达而被别人否定、轻视、厌恶。——你建议他们要"诚实地写文章"，其实无异于建议恐高症患者"勇敢地挑战蹦极"一样，实在过于苛求了。

想要培养诚实表达的自信心，首先需要消除内心的"恐惧"，松开内心的"制动器"，"认可他人的训练"就是一剂特效药。

也许有人会觉得纳闷："咦，现在问题不是自己没法诚实表达吗，为什么要做'认可他人的训练'呢？"确实，对于无法诚实表达的人来说，"诚实表达自己心情"的训练貌似更有效。可是，在那之前，需要先学会"认可他人"。

经常出卖朋友的人，会随时警惕被朋友出卖；经常拈花惹草的男人，会随时警惕妻子出轨；经常说别人坏话的人，会随

时警惕被别人说坏话……为什么会警惕呢？——因为自己干过
这样的事。

　　无法诚实表达的人也一样，也就是说，他看别人的文章时，
会下意识地挑刺和贬低。所以，他担心自己写的文章也被别人
"挑刺"、被别人"贬低"。

　　在"认可他人的训练"中，无论自己是否赞同对方的观点，
都要采取尊重他人意见的态度。

　　你的价值观：丰富的人生在于"体验"。

　　当A先生说"丰富的人生在于金钱"时，你虽然无法赞同，
但也表示理解：噢，原来对方的价值观是这样的。

　　你的价值观：领导应该带领大家前进。

　　当B先生说"领导应该成为大家的后援"时，你虽然无法
赞同，但也表示理解：噢，原来对方的价值观是这样的。

　　你的价值观：不结婚的人是不幸的。

　　当C先生说"现在这个时代，单身也能快快乐乐地过一辈
子"时，你虽然无法赞同，但也表示理解：噢，原来对方的价
值观是这样的。

你的价值观：人的外表是很重要的。

当D先生说"反对以貌取人"时，你虽然无法赞同，但也表示理解：噢，原来对方的价值观是这样的。

像这样，即便对别人的意见无法赞同、没有共鸣，你都应该表示理解："噢，原来对方的价值观是这样的。"——即所谓"认可他人"。

这项训练是非常有效的。当你对所有人的所有价值观都能表示尊重时，那么，对于表达自己的价值观的"恐惧"就会逐渐消除，也就是说，越做这项训练，就会变得越自信。当你对世俗和周围人的目光不再介意时，那就好办多了——想必你已经跃跃欲试，准备动手写诚实的文章了吧。

27

用自己的话谈体验

——唤起体验的训练

请看下面一段话。这是某本书的介绍文。

菅原皮肤科诊所的菅原由香子的成名作《皮肤好的人做什么？不做什么？（习惯）》开始发售，书里有很多实用的知识技巧，教你如何护肤，感兴趣的读者请一定要看看。

你会对这本书产生兴趣吗？打算买来看吗？——我想：大概只有特别关心皮肤或为皮肤问题而烦恼的人，才会对这本书有兴趣吧。

实际上，我在Facebook上发了一篇关于这本书的文章。

在这篇文章里，我注重的是"用自己的话谈体验"。不是介绍这本书的内容，而是通过一些小事情来说明这本书带给我的冲击。请和刚才那段介绍文对比一下。

我一直都不以为意，觉得反正自己是个男孩子，无所谓……没想到问题竟然这么严重！

读到第2章时，我就开始直冒冷汗。读完整本书时，更是茫然若失。

我不由自主地向自己的身体郑重道歉：

"以前我一直在伤害你，对不起！"

菅原皮肤科诊所的菅原由香子的成名作《皮肤好的人做什么？不做什么？》。

这本书不可不看。

请不要被柔媚的封面蒙骗了。

男孩子们也应该读！！！（像吉他武士的曲风一样铿锵有力）

因为皮肤反映了全身的身体状况，

无论男女，都有关系！

特别是关于"食物"这一章最令人震惊。

简直看得我浑身发抖。

从小时候起就以为"对身体有益"而经常吃的东西，没想到竟然是"毒物"……

无知，是一种罪过。

啊，太吓人了。

经常使用化妆品的女孩子，肯定会比我更受打击。

不过，这种打击还是早知道为好吧，呵呵。

虽然会相当疼痛！

深受打击，然后向自己的身体郑重道歉，从今天开始弥补过错——这样才算是"高尚之人"的所为吧。

如果你想拥有美丽的肌肤，如果你想拥有真正的健康，如果你想健康长寿，那就一定要经历这个过程。

如此有益的信息，竟然只需1300日元即可获得……

我又一次感到（不同意义的）震惊了——当然，这次是惊喜。

一般来说，推荐图书的文章通常都无人问津（没什么反响），但这篇文章下面却有很多人点赞，就连最擅长使用社交媒体的作家桦泽紫苑都转载并评论说："看完这篇文章就会很有购书欲望，还是别看算了。不过，倒是可以从中学习怎么写文章，所以还是看看为好吧。"有个女粉丝点赞说："连男性读者都觉得非看不可的护肤图书，真想看看！"也有男粉丝留言说："马上买了一本回来看！"之所以能引起热烈的反响，大概是因为我不是仅仅介绍书的内容，而是用自己的话来谈体验。

这篇文章的大半篇幅都是关于作者的体会和感想。"受打击"（震惊）虽然是指情绪低落，但作者并没有板起脸说话（一本正经地），而是用自虐或幽默的口吻表现出来。这一点也很重要，因为用"笑"可以调动读者的情绪。比如，突然冒出一句老掉牙的"吉他武士风"，令人忍俊不禁，这种滑稽感也是作者故意营造出来的。

请容我自吹自擂一句：这篇文章根据自己的实际体会，从各个角度充分调动情绪，最后成功地到达目的地。在社交网站上，比起沉重、忧郁的话题，还是明朗、风趣的话题更有人气。

很多人在写介绍文和读后感的时候，一上来就开始说明："这本书里写了……"然而，人毕竟是有情感的动物，对理论很难产生兴趣。而内容说明就属于理论，无论你说得多么天花乱坠、义正词严，如果不是读者特别关心的话题，是很难从情感上打动读者的。而我这篇文章是这样开头的："我一直都不以为意，觉得反正自己是个男孩子，无所谓……没想到问题竟然这么严重！"——和内容说明截然相反，是讲自己的体验和经历，并非讲理论。

这篇文章反响不错，正是因为读者看了开头几句就产生兴趣，觉得"作者接下来大概会讲一些有趣的体验"，而没人意识到这是一篇关于书的介绍文。这其实也没关系，只要读者产生了兴趣，就会自然而然地或者顺势（甚至是停不下来地）继续往下看关于书的内容介绍。

当然，要加入什么样的体验，则由作者决定，有各种各样的方法。

说实话，我已经为皮肤干燥而苦恼了二十多年了。

尤其是在冬天，奇痒难耐，我全身上下拼命挠，挠得遍体鳞伤，就好像跟人打了一架似的。呜呜呜……

也可以这样开头，然后顺势转入对书的介绍："看过这本书，我才明白了皮肤干燥的原因。"

轰隆！用沐浴露使劲搓洗身体的这42年时间轰然倒塌。
尊贵的岁月，全都被这本书无情地否定！

也可以这样开头，然后若无其事地转入对书的介绍："其实，很多沐浴露里都含有××成分……"只要在文章里写了体验，就容易引起读者的阅读兴趣。

打动读者内心的，不是"理论"，而是"体验"。

如果你想成为写作高手，请一定要掌握这个原则。你的实际体验，将在写文章时成为强大的武器。

■ 唤起体验的训练

要在文章里加入个人体验，就需要在平时做好准备，以便随时能从自己的记忆中 唤起"体验"。以下我介绍一项"唤起体验的训练"——以偶然看到的"事情""人""物体"为题，思考自己有过哪些"体验"。

【唤起体验的训练　题目"车站"】

·关于车站的回忆（例如约会见面地点）；留言板造成的误会；经常去的车站；喜欢的车站、讨厌的车站；对车站的意见；在车站接送人的经历；关于很受欢迎的站台盒饭的回忆；对于电车车站以外的巴士站、机场等的回忆……

【唤起体验的训练　题目"顽固的老头子"】

·被顽固老父亲折腾的回忆；小学时被邻居那个爱发火的老头痛骂、追赶的回忆；初中时被严厉的棒球队教练批评的回忆；一过四十岁就感觉自己正在向顽固老头子进化；几年前还很可爱的妻子现在却越来越像顽固的老头子……

【唤起体验的训练　题目"宇宙"】

·UFO目击体验；关于宇宙的小说、绘本、电影、漫画、纪录片、绘画、插图；参观博物馆的体验；回忆起小时候想当宇航员的梦想；观测天体的体验；泡露天温泉时仰望夜空的体验；在美国沙漠上仰望夜空的体验；参观日本宇宙航空研究开发机构的体验；梦见在宇宙游泳的体验……

【唤起体验的训练　题目"关于流感施虐的新闻报道"】

·流感体验（例如发高烧时做噩梦）；打预防针的体验（例如为了逃避预防针而装病）；怀疑自己得了流感而去医院检查，结果不是流感；用棉签在鼻孔里翻转擦去黏液；家里人曾患流感的体验……

当你习惯了"唤起体验的训练"之后，就会逐渐明白把各种体验用作写作素材的方法。每道题目至少要举出两三例，有的题目甚至可以举出十多例的体验吧。当你写文章时，如果自然而然地考虑："写哪个体验更有趣呢？"那就说明这项训练取得了成果。

28

以故事打动人心

——讲故事的训练

你是小说家吗？

回答大概是"不是"吧。

那么，你会讲故事吗？

对于这个问题的回答，大概也以"不是"居多吧。

"我又不是小说家，没理由要写故事呀。"

——这话似乎有几分道理……然而，真的是这样吗？实际上，很多人并非"没理由写故事"，而是没意识到自己写的是"故事"吧。若果真如此，那么只需强化你的"故事意识"（无意中或下意识地写出来的故事的意识），就能使你的文章更加具有吸引力。

① 我从上个月开始学习弹钢琴。

假如你在朋友的博客上看到这句话，会有什么感想呢？——可能没什么感想吧，最多也就是"哦，是吗"之类的反应。那么，下面这句又如何？

② 我从上个月开始学习弹钢琴。小时候，无论我怎么央求，母亲就是不让我学。现在，终于如愿以偿了。

这次，读者看了也许会稍有感触吧："哦，那太好了！"②具备了①所缺少的"故事"。

前一章提到过：人是有情感的动物，即使能理解文章所讲的理论，但情感上却不为所动，这种情况并不少见。**而"故事"也和"体验"一样，具有打动人心的力量。**

我认为，"打动读者的故事"需具备以下三个条件：

· 有时间流动（连续性）

· 有高低变化（起伏）

· 鲜明地传达信息（抛光效果）

我们逐项具体地进行分析。

首先，关于"有时间流动（连续性）"这个条件，例②"开始学习弹钢琴"（现在），"小时候……"（过去），显然是"有时间流动"的。

其次，衡量"高低变化（起伏）"，其实有各种各样的基准。其中，"状况不理想=低"和"状况很理想=高"是比较容易打动人心的一个基准。

· 心情忧郁（低）→心情舒畅（高）

· 觉得很难做到（低）→成功了（高）

· 两人水火不相容（低）→萌生了友情（高）

· 不会〇〇（低）→学会了〇〇（高）

· 非常疲劳（低）→疲劳消除，心情舒畅（高）

在例②中，有高低起伏的变化——"开始学习弹钢琴"（高），"小时候，无论我怎么央求，母亲就是不让我学"（低）。

不过，即使有"时间流动"和"高低变化"，如果起不到"鲜明地传达信息"的作用，那么这个故事就变成毫无意义了。

在例②中，通过讲述"小时候"的情况，更加鲜明地传达出"开始学习弹钢琴"的喜悦之情。

综上所述，例②满足了"有时间流动（连续性）""有高低变化（起伏）""鲜明地传达信息（抛光效果）"这三个条件，可以算得上是"故事"了。仅用四十来个字就能讲故事，**没错，其实"故事"比我们想象的更贴近生活、更轻松随意。**

③ 儿子顺利地考上了东京大学。

考上东京大学，确实是可喜可贺之事。加入故事要素，则改成了④和⑤。我们不妨对比一下。

④ 儿子一年前的偏差值只有40多，现在竟然顺利地考上了东京大学。

⑤ 儿子经常嘟囔道："凭我这脑瓜是没指望了。"现在竟然顺利地考上了东京大学。

与③相比，④和⑤更让人感觉到"考上东京大学"这一成果熠熠生辉，甚至想赞一句："你儿子真棒！"④和⑤都有"故事"。

- ● **④的故事**

·有时间流动：一年前（过去）→考上东京大学（现在）

·有高低变化：偏差值40多（低）→考上东京大学（高）

·鲜明地传达信息："考上东京大学"的信息比③更鲜明

- ● **⑤的故事**

·有时间流动：备考期间（过去）→考上东京大学（现在）

·有高低变化：缺乏信心，想放弃（低）→考上东京大学（高）

·鲜明地传达信息："考上东京大学"的信息比③更鲜明

可见，是单单叙述"考上东京大学"这一事实，还是通过故事来表达，给读者带来的冲击力是不一样的。换言之，如果你想打动读者，就应该有意识地运用讲故事的方法。

至于故事的"高低变化"，也可采取"高→低"的流向。

⑥ 因为台风迫近，明天的爬山活动取消了。

⑦ 从半年前就开始期盼的明天的爬山活动，因为台风迫近而取消了。

⑥仅仅是传达信息，而⑦加入"从半年前就开始期盼"，

变成了故事。读者看到⑥时不为所动，但看到⑦时却会觉得："真遗憾。"这就说明在情感上被打动了。

- **⑦的故事**

·有时间流动：从半年前开始（过去）→明天的爬山活动（现在）

·有高低变化：期盼已久（高）→爬山活动取消了（低）

·鲜明地传达信息："爬山活动取消了"的信息比⑦更鲜明

讲故事有很多优点：

【优点①】容易打动人（容易产生兴趣和关注）

【优点②】容易产生移情作用（能体验别人的感受）

【优点③】容易产生共鸣

【优点④】能鲜明地传达信息

【优点⑤】容易记住

【优点⑥】容易向别人转述（容易流传）

【优点⑦】能用作者自己的语言

【优点⑧】广泛适用于各种文章

而且，我们大家都喜欢听故事。神话、民间传说、童话、电影、电视剧、小说、戏剧、歌曲、音乐剧、电视广告、漫画、演讲、纪录片、绘本、连环画剧、小品、单口相声、相声、方案演示、俳句……以上这些，全都包含有故事的要素。

　　既然大家都喜欢听故事，那么我们没理由不运用讲故事的手法。

　　不好，快撞上了！哎呀！唉，好险啊，捡回了一条命。

　　这么简简单单的一句话，就是一个故事，你大概也被吸引住了吧？！

■　讲故事的训练

　　为了能写出"有故事"的文章，平时我们就要养成用"故事"来表达事物的习惯。我推荐这项"讲故事的训练"，为了更鲜明地传达信息，在看待某个事实时，不要局限于"点"，而是有意识地运用"时间流动"和"高低变化"来把握。然后，在头脑中形成故事。

　　事实：偶然走进一家拉面馆，发现拉面很好吃。

故事：店内光线昏暗，顾客稀稀拉拉，老板也爱理不理的。我不禁感到后悔："早知就不来这家了。"可是，当我吃了第一口时，却非常惊喜——太好吃了。就今年下过的馆子而言，这里的味道要数第一。

时间流动：吃拉面之前（过去）→吃拉面（现在）

高低变化：想象着拉面可能很难吃（低）→拉面很好吃（高）

故事的"素材"并不是唯一的，只要你放眼观察周围，就会发现"素材"无处不在。尝试用别的"素材"来讲这个故事吧。

事实：偶然走进一家拉面馆，发现拉面很好吃。

故事：最近工作太忙，没什么食欲，今早起来就只喝了点儿水。我寻思着："总得随便吃点什么填肚子吧……"偶然看见一家拉面馆，就走了进去。"看来今天又得吃剩了……" 可是，当我吃了第一口时，却非常惊喜——太好吃了。在排骨面汤的诱惑下，我食欲大振，忘乎所以，竟然一口气吃了个精光。

时间流动：吃拉面之前（过去）→吃拉面（现在）

高低变化：没有食欲（低）→一口气吃完（高）

"不抱期待→很好吃"和"没有食欲→一口气吃完"这两个故事虽然素材不同，但都能鲜明地传达出"拉面很好吃"。除此之外，我们身边还有许多随处可见的故事"素材"。

· 本来想吃日本料理，但这附近只有拉面馆。→拉面很好吃，没选错！

· 第一次约会竟然吃拉面，我本来担心会被她嫌弃。→拉面很好吃，她吃得很开心。

· 感冒了，浑身发冷。→吃了碗可口的拉面，病好了！

像这样，尝试用各种各样的"素材"来讲故事吧。

29

要有"自信"和"决心"

——斩钉截铁的训练

英国登山家乔治·马洛里在被问到"为什么要攀登珠峰时"，回答说："因为珠峰在那里。"一时被人争相传颂。

试想一下，如果他当时说的是：

"我想，大概是因为珠峰在那里吧……"

"可能是因为珠峰在那里吧。"

"有很多原因吧，其中一个是'因为珠峰在那里'。"

那么，也许就不能流传于后世了，正因为他斩钉截铁地说出"因为珠峰在那里"，所以才成了名句。

"斩钉截铁"是指断定式的表达方式，要做到斩钉截铁，需要有"自信"和"决心"。在"斩钉截铁"的深层里，多多少少含有这样的意识："即便不能得到所有人的赞同也无所谓，即使有人提出异议、反驳和批评，我都敢于面对。""自信"和"决心"是"斩钉截铁"的驱动力。驱动力越大，就越能打动读者。

① 如果您对健康感到担忧，也许可以看看这本书吧。

② 如果您对健康感到担忧，请一定要看看这本书。

　　这是对于某书的介绍文。比起①"也许可以看看这本书吧"的委婉语气，还是②"请一定要看看这本书"这种肯定的说法更有感染力，更容易让人产生阅读此书的兴趣，②具备了①所缺少的"斩钉截铁"。

　　很多人都不喜欢"斩钉截铁"的说话方式，为什么呢？因为他们缺乏"自信"和"决心"，不愿为自己的想法和意见负责任。他们处于一种"优柔寡断"的状态，想为自己"留退路"，否则就惶恐不安，无法行动。所以，他们做不到斩钉截铁，自然也就无法打动读者。

③ 听说越来越多的中老年人打算在退休后还要继续工作，发挥自己的才能。趁此时机，如果我们举办一个面向中老年人的"六十岁就业指南"的培训会，说不定会有热烈反响的。

④ 越来越多的中老年人打算在退休后还要继续工作，发挥自己的才能。趁此时机，如果我们举办一个面向中老年人的"六十岁就业指南"培训会，一定会有热烈反响的。

这是策划书的内容。④"越来越多的中老年人""一定会有热烈反响的"这种斩钉截铁的表达方式显然更有说服力。而③"听说越来越多的中老年人""说不定会有热烈反响的"这种措词，则让人感觉不到作者对于这个策划项目的"热情"，属于"缺乏自信和决心的""冷淡的""不靠谱的"文章。

③的作者，大概是出于这样的考虑吧："有些来自别处的信息不太确切，而且，谁也不知道到时是否能真的引起反响，所以只能这么写呀。"可是，对于策划书来说，说服力和热情尤其重要。使用"传闻（听说）"和"推测（说不定）"的表达方式，显然是无法打动读者的。

⑤ 我能用透彻的分析力为贵公司做出贡献。
⑥ 如果做得好，我也许能用透彻的分析力为贵公司做出贡献。

⑤和⑥是摘自求职信的内容。如果你是企业的招聘负责人，

237

会觉得哪个更有干劲呢？答案应该不言自明吧。⑥的作者万一被反问："那是不是说，做得不好就无法为公司做贡献了？"又该怎么回答呢？我仿佛看见了他哑口无言的狼狈样子。

当然，在写文章时，委婉、含蓄的表达方式也是不可缺少的（本书里就用得很多）。日本人原本就倾向于喜欢用委婉或谦虚的表达方式，而且，"斩钉截铁"如果超过一定程度，还可能被认为是"高傲"和"自大"的表现。其中，有人还不具备"自信"和"决心"，却贸然使用"必定""绝对""毫无疑问"等词语，结果反而损害了读者的信任感，这种"斩钉截铁"的比重和程度确实很难把握。

不过，如果你已经意识到自己有"优柔寡断"的坏习惯，就应该尽早改掉。**自己明明想传达某个信息（想法、意见、提议、主张），却用委婉的表达方式来逃避责任——这无疑背叛了读者，同时也背叛了自己。**结果，文章本身索然无趣，彼此能获得的益处也被削弱了。

与其写这种毫无意义的文章，不如拿出"自信"和"决心"，即使明知"世上无绝对之事"，也要有斩钉截铁的勇气。我并非想否定委婉和含蓄的表达方式，我只是建议说：应该根据场合、根据文章的目的区分使用不同的表达方式。

▪ 斩钉截铁的训练

　　如果你写文章时不能做到"斩钉截铁"，那么一定是平时就回避这种说话方式，有很多人甚至已经形成了不敢断言的习惯。既然形成了习惯，那么自己是很难意识到的。在这里，我推荐一项"斩钉截铁的训练"。做法很简单——平时说话时，尽可能采取"斩钉截铁"的表达方式。

・"成本可能很高" → "成本很高"

・"我觉得可能来得及" → "来得及"

・"要我配合也可以" → "我会配合的"

・"我觉得小林可能是对的" → "小林是对的"

・"使用率好像创下了历史新高" → "使用率创下了历史新高"

・"我考虑参加" → "我参加"

・"我觉得铃木是称职的" → "铃木是称职的"

・"我觉得自己也有责任" → "这是我的责任"

・"今天公司可能休息吧" → "今天公司休息"

　　当然，也不必故意歪曲或夸大事实，想用"斩钉截铁"的语气表达所有的话语，是不可能的。

　　可是，如果你只是为了假意的客套、谦虚，或为了逃避责任而不敢断言，就需要转变意识——摒弃"留退路"的表达方式，拿出自信和决心，斩钉截铁地说出来。

　　这项训练的目的在于打消对于"斩钉截铁"的畏惧心理。一开始可能需要勇气，但只要继续坚持，渐渐就不会感觉到抵触了。随着你对"斩钉截铁"的畏惧心理逐渐减弱，就有越来越多的机会写出"斩钉截铁"的文章来，请为这个变化而欢欣鼓舞吧。

30

合理地运用"逻辑"与"情感"
——区分"逻辑派"和"情感派"的训练

逻辑，属于道理、理论。

情感，是指感情、情绪、感觉。

逻辑与情感，就像汽车的左右轮胎，如果大小和性能不同，就无法笔直地前进，我们必须随时保持平衡。

无论说得如何头头是道，如果缺乏作者的情感，文章也会索然无趣。也就是说，这篇文章写得没有感情。

另一方面，无论情感如何充沛，如果逻辑不通，就无法传情达意。也就是说，这篇文章缺乏逻辑。

这就好比音乐一样。按照曲谱分毫不差地演奏的曲子，可谓"逻辑满分"，但如果没有投入情感，就无法打动听者。相反，全情投入地演奏的曲子，可谓"情感满分"。但如果缺乏技术，同样也无法打动听者。

"逻辑"与"情感"密不可分，所以，不能偏重于某一方，而要平衡两者的比重，才能写出打动人的文章来。

① 提高育儿期间的主妇的再就业率——这是我的使命，或者说宿命吧。

在日本，很多本来有工作能力的家庭主妇，仅仅出于"育儿"的理由就放弃了工作机会，这对于日本经济是个非常重大的损失。

我自己也一样，生完小孩后，想马上找工作。可是，每次我去面试，当面试官一知道我是个"育儿期间的主妇"时，态度就突然冷淡下来，有时甚至还拒绝给我面试机会。虽然我很想工作，但环境却不允许。想一边育儿一边工作的主妇们，到底应该怎么办呢？为了帮助她们解决烦恼和疑问，今后我会继续推广这项"妈妈就业支援项目"。

这篇文章传达出了作者的情感，但未必有充分的说服力。有的读者可能会提出疑问："这也许只是你的个别情况吧？你是不是把自己的个别体验扩大化了呢？"我们再来看另一篇文章：

②　大家听说过"M字形曲线"吗？所谓"M字形曲线"，是指用图表显示女性不同年龄段的就业率的M字形曲线图。曲线图显示：在三十多岁年龄段的生育以及育儿期间，女性就业率下降；很多人在育儿告一段落之后，才重新再就业。这是日本的独特现象，而在欧美国家却没有呈现出这种M字形的下降趋势。为了消除这M字形曲线，我们必须提高育儿期间的主妇的再就业率。

这篇文章逻辑清晰地说明了日本女性的就业率倾向，然而，读者看了这篇文章却很难被打动，最多也就是觉得"涨知识了"。

①侧重于"情感"，②侧重于"逻辑"，那如果我们把①和②结合起来呢？

提高育儿期间的主妇的再就业率——这是我的使命，或者说宿命吧。

大家听说过"M字形曲线"吗？所谓"M字形曲线"，是指用图表显示女性不同年龄段的就业率的M字形曲线图。曲线图显示：在三十多岁年龄段的生育以及育儿期间，女性就业率下降；很多人在育儿告一段落之后，才重新再就业。这是日本的独特现象，而在欧美国家却没有呈现出这种M字形的下降趋势。为了消除这M字形曲线，我们必须提高育儿期间的主妇的再就业率。

在日本，很多本来有工作能力的家庭主妇，仅仅出于"育儿"的理由就放弃了工作机会，这对于日本经济是个非常重大的损失。

我自己也一样，生完小孩后，想马上找工作。可是，每次我去面试，当面试官一知道我是个"育儿期间的主妇"时，态度就突然冷淡下来，有时甚至还拒绝给我面试机会。虽然我很想工作，但环境却不允许。想一边育儿一边工作的主妇们，到底应该怎么办呢？为了帮助她们解决烦恼和疑问，今后我会继续推广这项"妈妈就业支援项目"。

觉得①和②都各有缺憾的读者，请再读一下这篇结合了"逻辑"与"情感"的文章，这次是不是觉得被打动了呢？

我们再稍微换个角度来看看"逻辑"与"情感"的特性。

人大致可分为两种类型，你属于哪一种呢？

【逻辑派】容易受"理论""道理"的影响

【情感派】容易受"感情""情绪""感觉"的影响

假设你开始学打网球，下面这两位教练，你更喜欢哪一位呢?

·A教练：从理论方面详细地教学生怎么打网球

·B教练：经常热情开朗地鼓励学生："你一定能学会的！"

如果你属于逻辑派，可能会选A教练；如果你属于情感派，则可能更喜欢B教练吧。可是，"只会教技术，却从来不鼓励学生"的教练，或是"只会鼓励学生，却从来不教技术"的教练，都是不可取的。你可能会追问说："难道没有兼顾两方面的好教练了吗？"

最理想的，自然是兼具双方特性的教练，既擅长教技术，又经常鼓励学生——这正是擅长运用"逻辑×情感"的教练。

我们再举一个例子:假设你是公司员工,下面这两位总经理,你更愿意跟随哪一位呢?

·A总经理：经常宣扬积极向上的理念："充满期待地工作！怀抱梦想地工作！为了人和社会的幸福而工作！"

·B总经理：经常思考经营战略和战术，以经营数据为基础从理论上研究如何创造更多利润。

大家对此也有意见分歧吧？！

可是，"只会宣扬积极向上的理念，却对具体的经营方法论一窍不通"的总经理，或是"只会创造利润，却没有理念和梦想"的总经理，都是不可取的。你可能又会追问说："难道没有兼顾两方面的总经理了吗？"

最理想的，自然是兼具双方特性的总经理，既追求精神上的理念和梦想，又精通具体的经营方法——这正是擅长运用"逻辑×情感"的总经理。

当然，逻辑派和情感派也并不是截然对半分开的。比如说，A先生是"逻辑3+情感7"，而B先生是"逻辑8+情感2"。到底更容易受哪一方影响，到底各占比重是多少，因人而异。所以，写文章时采用"逻辑与情感相结合"的方法是非常有效的。

当然，如果是为特定读者而写的文章，最好是根据读者的类型而调整逻辑与情感的比重。比如说，对于"逻辑3+情感7"的读者，可以增加情感比重；而对于"逻辑8+情感2"的读者，则可以增加逻辑的比重。

另外，一般认为，男性比较侧重于"逻辑"，女性比较侧重于"情感"。掌握这大体倾向，应该也不无裨益吧。

▪ 区分"逻辑派"和"情感派"的诊断

为了在写文章时合理地运用逻辑与情感，首先，我们需要了解自己的表达（写和说）是属于"逻辑派"还是"情感派"。这次，我们要做的不是训练，而是诊断，分清自己属于哪一种类型。请回答下面这个问题：

"关于自己的表达方式，别人有过什么样的评论呢？请勾选出符合的项目。"

·有逻辑的、说明性的、具体的、理性的、容易理解的、强词夺理的、冷静的、生硬的、教条式的——"我明白你的观点，但体会不到你的心情"……

·感觉性的、直觉性的、抽象的、热情的、情感充沛的、有灵性的、啰唆的、柔和的——"我理解你的心情，但无法接受你的观点"……

大致可以这么认为：如果勾选第一项较多，就属于"逻辑派"；如果勾选第二项较多，就属于"情感派"；如果两项都有相应勾选，则说明你比较注重逻辑与情感的平衡。不妨对比一下勾选项目，看看两者的比重，比如说"逻辑3+情感7"之类的。

在回答这个问题时，请不要仅凭自己的主观印象进行选择，因为自己有时会想当然，所以主观印象是不可靠的。请尽量回想别人是怎么评论你的，比如说："山口先生呀，就爱强词夺理。"如果实在想不起来，可以问一下为人诚实、会对你说真话的朋友、同事或亲戚："你觉得里面有哪几项比较符合我呢？"请不必多虑，因为别人会看得更清楚。

诊断结果出来之后，如果你的表达方式属于"情感派"，那么在写文章以及和别人谈话时，就应该有意识地增加逻辑的比重，这样更有助于对方接受你的观点。相反，如果你属于"逻辑派"，则不妨有意识地增加情感的比重，这样更有助于向对方传情达意。

31

用灵活的表达方式增加现场感和活力

——用拟声拟态词进行会话的训练

搞笑艺人宫川大辅凭借人气节目《人志松本的绝不冷场脱口秀》而走红。说到他的表达特色，就是多用和巧用拟声词。

"吧唧，啾——！（踩到狗屎滑溜的声音）""咕噜咕噜，咚！（野猪从山上滚下来的声音）""咕——！（小学时喜欢的女生的放屁声）""噗咚！（从二楼跳下来时下巴磕到膝盖上的声音）"……

出乎意料的描写，才能让观众觉得更有趣。也就是说，关键不在于"正确性"，而在于如何表现令人身临其境的氛围，这就是使用拟声词的重点所在。

宫川大辅使用拟声词的表达方式，也可以灵活地运用到写文章上，这在语言学上被称为“onomatopée”[①]，包括了拟音词、拟声词和拟态词。

【拟音词：表现自然界的声音以及物体的声音】

·哗啦哗啦、淅淅沥沥、哐啷、嘎啦嘎啦、轰隆轰隆、咣当、嗞啦嗞啦、咚咚、嗖、刺溜……

【拟声词：表现人或动物的声音】

·汪汪、咩咩、叽叽、啾啾、喔喔喔、呱呱、哇哇、哈哈、呀呀、唧唧喳喳……

【拟态词：从感觉上表现事物的样子、形状和状态】

·直勾勾、慢腾腾、忐忐忑忑、光溜溜、干干爽爽、黏糊糊、活蹦乱跳、闪闪发光、阴沉沉……

描写人的举手投足，就有无数种表现方法：慢慢地、踉踉跄跄、团团转、慢吞吞、摇摇晃晃、干脆利落、呼啦呼啦、扑通扑通、刺溜刺溜、咻咻……运用拟声拟态词描写声音、状态

① 法语词汇，意为拟声拟态词以及拟声法。

和心情，可以身临其境地传达出现场的氛围和情景，给读者留下深刻的印象。

① 吓得说不出话来。
② 吓得"哎呀呀"地叫了一声。

用"说不出话"表现吃惊的状态，难免给人"千篇一律"之感，也就是说，①的表达太老套了。而②则直接引用其情不自禁地发出的惊叫声，比①更有临场感。当然，也可以用常见的"吓得'啊'地叫了一声"，虽然略嫌缺少个性。

③ 收到落榜通知，很失望。
④ 收到落榜通知，失望得整个人都蔫了。

和③相比，④用了拟态词"蔫了"，更让人有身临其境之感，常见的表达还有"垂头丧气"。

⑤ 打开盖子，水蒸气就冒了起来。
⑥ "啪"的一声打开盖子，水蒸气就腾腾地冒了起来。

虽然描写同一个情景，但和⑤相比，还是用了"啪""腾腾地"等拟声拟态词的⑥更生动，更能让读者产生画面感。

⑦ 当我把很热的小笼包塞进嘴里的一瞬间，不由叫出声来，肉汁太美味了！

⑧ 当我把热乎乎的小笼包塞进嘴里的一瞬间，不由叫出声来："好吃！"香浓欲滴的肉汁太美味了！

⑦和⑧相比，临场感的差别一目了然。⑦轻描淡写，给人印象不深，而⑧则用了"热乎乎""香浓欲滴"等好几处拟声拟态词，让读者充满了期待感。

⑨ 当我看见她的一瞬间，心跳得厉害，与此同时，感觉到眼眶发热。

⑩ 当我看见她的一瞬间，心里怦怦直跳，与此同时，感觉到眼眶热乎乎的。

⑩用了"怦怦直跳""热乎乎"等拟态词，更生动地表现出作者的心情。也可以把"怦怦直跳"改成"咚咚直跳""扑通乱跳"等，以表现更激动的情绪。

大文豪宫泽贤治也是以擅长运用拟声拟态词而闻名的，例如：

"风呼呼吹着，草唰唰摇动，树叶簌簌作响，大树呜呜低吟。"（摘自《诸多规矩的餐厅》）

"天空白晃晃地团团旋转，草唰的一下甩掉了水珠。"（摘自《风又三郎》）

每次读起宫泽贤治的作品，我就深深地体会到：拟声拟态词竟如此灵活自如，在描述故事场景时竟有如此形象化的效果。

■ 用拟声拟态词进行会话的训练

为了写文章时能随时用上拟声拟态词，在日常生活中就要尽可能多使用。——这就是"用拟声拟态词进行会话的训练"。我们不妨化身为搞笑艺人宫川大辅，一起来挑战吧。

·"外面消防车的汽笛声呜呜直响，我根本听不清你在说什么。"

·"叮咚咣当！突然，货物从架子上掉落下来。"

·"肚子隐隐作痛，脑袋阵阵疼痛，两下同时发作，真难受。"

·"我高兴得飞起来——不是'呼啦啦'地慢慢飘，而是'咻——'的一下飞上了天。"

·"父亲从一大早就忐忑不安地在走廊上走来走去，当听到门铃'叮咚'响起的瞬间，他连忙嗒嗒嗒地向门口跑过去。"

·"影片正放映到高潮的时候，有个观众的手机突然'叮铃铃，叮铃铃'地响起，一下把我拉回到现实中来，我好久没这么生气了。"

·"后藤'嗖'的一下过掉对方后卫，'砰'地直接射门，攻入了制胜的一球，现场气氛顿时'哗'的一下沸腾了。"

拟声拟态词中有不少固定的表达法，但训练时没必要拘泥于句型和理论，而应该充分发挥自己的创意和个性，创造出自己从来没说过也没听过的表达法。

会话中多使用拟声拟态词，作用不仅仅在于"丰富自己的表达方式"，而且还能增加临场感和跃动感，更能吸引对方的兴趣，从整体上提高表达能力。从此，应该有越来越多的机会听到周围人评价说："你说话总是那么有意思。"

当你在会话中切身感受到拟声拟态词的效果之后，就一定会非常愿意运用到写文章上的，请根据时间、地点、场合，随机应变地灵活运用吧。

第 6 章

通过写文章改变你的世界和人生

32

为你的文章增添光彩的七个建议

本书渐近尾声，大家在训练题目中表现如何呢？

最后，我提出为你的文章增添光彩的七个建议。在进行各项训练的基础上，再记住这七个建议，那么你就一定能把文章写得更好。

（1）以别人的文章为鉴，改正自己的文章

如果你想提高写作能力，请多向别人的文章学习。我并不是说，非要向作家的文章学习不可。**世上所有文章，都是你的老师。**

例如，你收到许多别人发来的电子邮件，其中，有的让你觉得"清晰易懂"，有的却让你觉得"含糊不清"。如果你

只是停留在"觉得"，那么你的文章就不会有进步。很关键的一点是，你自己需要仔细分析：为什么这封邮件"清晰易懂"呢？为什么这封邮件"含糊不清"呢？一定能找到其中的理由或原因。

有的邮件不仅意思含糊不清，而且还让人看得很烦躁。这时，你不妨这样分析："这封邮件大概是因为……所以才含糊不清吧。""这封邮件大概是因为……所以才让人觉得烦躁吧。"

"……"之处，可考虑填入以下词语：

"没有换行""句子太长""汉字太多"①"专业术语太多""主语和谓语顺序颠倒""缺少宾语""修饰语和被修饰语隔得太远""标点符号位置不对""没用的形容词太多""错字漏字太多""社交辞令过于繁冗""措词太幼稚""信息量太密集""省略太多""没有准确地把握实际情况""意见模棱两可""结论不明确""原因不明确""不够冷静""表达太啰唆""态度不够谦虚""没有考虑读者的感受"……这些原因都是十分常见的。

刚开始时，可能觉得很难确定原因，但只要你有意识地坚持下去，一定能逐渐弄清楚这些邮件"为什么清晰易懂""为什么含糊不清""为什么让人觉得烦躁""为什么感人""为什么有

---

① 日语采用汉字与假名混合书写的方式，如果汉字用得太多，会让人觉得语体生硬难懂。

趣""为什么无聊乏味"……

明确了原因之后，接下来就轮到对照自己的文章了。"学习"即"模仿"①，当你看到清晰明确的好文章时，就模仿它写得好的原因。相反，当你看到含糊不清的拙劣文章时，则需将其病因作为反面教材。

对于自己读过的文章，如果不加思考地束之高阁，那么你将会错过提高写作水平的机会。请容我再重复一遍：世上所有文章，都是你的老师。无论什么样的文章，都一定有值得学习的地方。

（2）区分使用"鸟眼"和"虫眼"

"鸟眼"和"虫眼"看见的东西是截然不同的，当然，它们看到的都是事实。

例如，用"虫眼"来看，会觉得感冒症状非常讨厌：发烧、打喷嚏、流鼻涕、咳嗽、头痛、疲劳……如果可以，谁都不想得感冒呀。

然而，如果用"鸟眼"来看，就会发现感冒症状其实是身体防御病菌和病毒入侵的自我保护机能。正因为免疫系统

---

① 在日语中，"学ぶ"（学习）和"真似る"（模仿）这两个词是同源词，发音相近。

正常运行，所以才会出现感冒症状。如果没有感冒症状，人可能很容易就会死掉。从这个角度思考，感冒症状显然是对人"有益"的。

"鸟眼"和"虫眼"的思考方法，同样适用于写文章。仅从"鸟眼"视角提出的主张和意见，或是仅从"虫眼"视角提出的主张和意见，都往往容易流于肤浅。

既然如此，我们写文章时，就需要冷静地考虑：自己是用什么视角看待事物的？如果是"鸟眼"视角，那不妨思考一下："用虫眼看会是什么样子呢？"如果是"虫眼"视角，则不妨思考一下："用鸟眼看会是什么样子呢？"这种视角变换非常重要。

只有用"鸟眼"和"虫眼"两种视角，才能看见一些独特的风景，而这些风景，会给你的文章增加光彩和深度。

（3）多读书能提高写作能力

多读书能提高写作能力，我也赞同这个观点。

可是，为什么多读书就能提高写作能力呢？

——增加知识和词汇量，掌握更多的表达方式，学习文章的结构和展开方法……这些确实可以提高写作能力。不过，我在这里想重点强调的"提高写作能力的重要原因"是以下两点：

【**重要原因①**】接触别人的思想和情感

【**重要原因②**】通过①，发现自己的思想和情感

"噢，原来世上还有这样的想法！"

"噢，原来别人的情感是这样的！"

通过接触别人的思想和情感，有人能发现自己的思想和情感，有人能深化自己原先已有的思想和情感。无论哪一种情况，都是"通过接触别人的思想和情感"，锻炼"写作能力"的根本要素——"思想"和"情感"。读书本身包含了自我启发的机能，特别是对于不擅长用语言表达自己想法的人，我强烈建议应该多读书。为什么"不会用语言表达自己的想法"呢？其原因并不在于什么写作技巧，而很可能是因为根本"没有意识到"自己的思想和情感。**为了了解自己的思想和情感——也就是说，为了在自己和内心之间搭一座桥梁，读书是最合适的手段。**

另外，书读得越多，就越能看清世界。例如，发现这本书和那本书之间的共通点，就能把点和点连成线，从而看清世界的本质联系。点越多，世界也会变得越清楚（因为能连成更多的线）。"能看清世界本质的人"和"看不清世界本质的人"，谁能写出具有说服力和深度的文章来呢？答案不言自明。读书

不仅能了解自己的思想和情感，还是一种探究世界本质的有效手段。

（4）请为"遇到难关"而欣喜

我自己在写文章时也有感觉"遇到难关"的时候。

理想中的文章如果按100分算，当自己觉得写出来的文章只有60分、70分时，就是遇到了难关。拿不到满分的原因每次都不一样：有时是因为逻辑不通，有时是因为缺少合适的具体事例，有时是因为没把握好节奏，有时是因为缺少贴切的比喻……当然，有时则是因为文章本身的中心思想太薄弱，或是因为自己情绪不佳、身体状况不佳……

那么，感觉"遇到难关"是好事还是坏事呢？

当然（我特意使用这个词）是好事。为什么呢？因为当你感觉"遇到难关"时，说明障碍就在眼前。只要跨越过这道障碍，写作能力就能再上一个台阶，所以是"好事"。接下来，只是解决如何跨过去的问题而已。

对于我来说，更可怕的是：没有意识到眼前的障碍而继续向目标突进，这样，提交出去的文章仍然存在着"逻辑不通""缺少合适的具体事例""没把握好节奏""缺少贴切的比喻""中心思想太薄弱"等缺陷。

著名编辑见城彻先生曾说过这么一句话：

"对于进展得太顺利的工作，需要质疑。"

当然，进展顺利并非全是坏事。不，应该说，谁都希望工作尽可能进展顺利吧，呵呵。然而，没有意识到眼前的障碍，直接从障碍物旁边溜过去，向目标突进——这样的"顺利"是很危险的。读者看到的是不完美的文章，这固然不幸；而作者则失去了自我成长的机会，同样也是很不幸的。

如果你在写文章时感觉"遇到难关"，有可能是因为你意识到了眼前的障碍。这道障碍，是因为你想写出更好的文章所以才看得见的。所以，请为"遇到难关"而欣喜吧，没有跨不过去的难关。跨过难关后写出来的文章，必将受到读者喜爱，当然，你自己也会得到成长。

（5）通过"写文章"来"认识"自己

在这个世界上，如果除了自己以外没有别人，一定弄不明白"自己是什么东西"。正因为有别人存在，所以才能认识自己。写文章也有相同的作用——也就是说，写文章能呈现出"自己是什么东西"，起到类似"镜子"的作用。"写文章"这一行为，能使模糊不清的意识变成有形，还能深化自己的思想，促进自我成长。

假设你有过这样的体验：在美术馆看见某一幅画时，眼泪自然而然地掉落下来……

为什么会掉眼泪呢？置之不理，也许一辈子都弄不明白这个问题。但如果尝试写观后感，却能使模糊不清的意识逐渐变得清晰起来。

"噢，原来自己有这样的情感呀。"

"噢，原来自己有这样的想法呀。"

"噢，原来自己一直为这样的事情而苦恼呀。"

"噢，原来自己喜欢这样的事物呀。"

通过写文章"发现"自己，有所发现之后，人就能扩大视野，深化思想，改变对事物的看法，更新价值观，另外，还能逐渐理解以前无法理解的别人的情感，这些都属于人的成长。自己每天都在进化，认识自己的过程是没有止境的。正因如此，写文章才会如此刺激有趣。

有时，不妨"故意"试写一下难写的文章题目。例如：《自己想如何迎接死亡呢？》《自己最不想听到别人说哪句话？》《对自己来说最大的快乐是什么？》……

如果能把自己对这些问题的回答写下来，就能逐渐看清自己的人生观和价值观。即使写不出明确的答案，也不必失望。因为，努力去回答这些难题，这挑战本身就是成长的一部分。

当然，因为是认识自我的过程，所以有时难免会感觉痛苦，甚至不愿意正视现实。其实，这种体验也是写文章的妙趣之一。通过写文章认识自己，在认识自己的基础上看待世界——只有经过这样的过程，才能看清世界。**通过写文章，我们可以改变自己的人生。**

（6）写文章具有"宣泄和净化情感"的作用

尿、大便、汗水、呼吸……当我们把这些东西排出体外时，会感觉"心情畅快"。为什么呢？因为这些东西里包含着废物。身体郁积废物，人就会生病。相反，吸入氧气和营养，排出废物——如果新陈代谢正常，人就能保持健康。

语言也有类似的作用。例如，当我们感觉到工作辛苦，却只能把这种情绪郁积在心里，就很容易生病。相反，当我们感觉到工作辛苦时，如果能向朋友倾诉烦恼："喂，你听我说，我这工作可辛苦啦……"那么，心情就能变得轻松一些。

人为什么会流眼泪呢？

原因好像还不明确，但如果说是因为眼泪具有"宣泄和净化情感"的作用，大多数人都会接受吧。我们都有过这样的实际体验：当自己感到悲伤、后悔、寂寞、高兴、松一口气时，可以通过哭泣使心情变得"畅快"。

除了说话倾诉之外，写文章也有相同的效果。如果你遇到什么厌烦之事、痛苦之事、悲伤之事、寂寞之事，不妨在笔记本上把自己的心情写出来，这样，心情就能变得轻松一些。

另外，在博客或Facebook等社交媒体上写文章也值得推荐。让别人接受自己，会更有"心情畅快"之感。当然，在非特定多数人能看到的媒体上写文章时，严禁发泄不满、诽谤中伤或贬低别人，在写法上需特别留意。

诚实地写出自己的情感，并且被别人接受——这是最幸福的时刻。之所以感到幸福，也许是因为觉得自己的"灵魂"也被别人接受了吧。

如果你是一个感情不外露的人，那么就当作是净化心灵，试把自己的心情写成文章吧。你一定能体验到这种效果：情感得到宣泄和净化，心情变得格外轻松。

（7）通过撰写"未来简历"提高自我形象

你对自己有信心吗？

"文章"和"自信"之间的关系出乎意料的密切。比如说，有两篇内容相近的文章，一篇感觉充满自信，而另一篇则感觉缺乏自信，这种情况并不少见。无论如何，文章里都会投映出作者的自信心。

有个词语叫作"自我形象"，意思是"自己对自己所持有的形象"。如果对自己持有的形象不好，那么"自我形象"就低；如果对自己持有的形象很好，那么"自我形象"就高。如果你觉得"自己很害怕写文章"，那么"自我形象"就低；如果你觉得"自己很擅长写文章"，那么"自我形象"就高。无论如何，自己写的文章的字里行间都会映衬出自我形象，想隐藏也隐藏不了，这就是自我形象。

为了写出被读者喜爱、亲近并接受的文章，需要有良好的自我形象。

我在这里透露一个提高自我形象的秘诀——撰写"未来简历"。

所谓"简历"，一般都是写现在或过去，而"未来简历"却要写未来的情况。虽然写"未来"，但并不是"预测"或"猜想"，而是以实际身处未来的视角，写已经实现理想的自我姿态。

假设"未来"是指五年后。

你现在身处五年后的世界，请在脑海里设想："真希望自己到时会变成这样。"并描绘自己五年后的理想姿态，然后再把这份"未来简历"写下来。请注意，这是理想姿态，不必觉得难为情，也不必客套。

"通过司法考试""首次当选为众议院议员""去哈佛大学留学""和××结婚""乘坐民间宇宙飞船遨游太空""自立门户创办公司""在小品大赛中荣获冠军""油画作品在画展中获奖"……任何内容都可以。

考虑到有的读者可能不太明白，我在这里示范一下自己的"未来简历"。①

自从2015年出版的《不动笔就能学会写文章的训练法》成为销量过百万的畅销书以来，又陆续出版了合计三十多部著作，销量累计超过四百万册，并被译介到全世界三十多个国家。

我现在经常来往于镰仓的住宅和巴厘岛的别墅之间，每天从事写作和演讲活动。2018年付梓的商界小说《语言的冒险》荣获当年的直木奖。2019年，创办了以"传达·联系"为理念的"日本写作大学"，并在以亚洲为中心的二十五个国家设立了分校。2020年，被认定为联合国推荐的示范大学。

另外，我所在的Medikatsu乐队于2019年推出新曲《话语和心灵》，并创下累计下载量一千万的纪录，这首歌曲被选定为东京奥运会的正式主题曲，乐队还首次参加了当年度的红白歌会。

---

① 这本书写于2015年，所以下文提到的2015年后的事情都属于"未来"的情况，而并非实际发生。

我的妻子是山口朋子，平时致力于"女性的人生支援者"活动。女儿名叫山口桃果，在2020年隆重上演的数学音乐剧《1-9》中担任主角。

我的兴趣爱好是：和宠物黄金猎犬"罗宾"在弓滨海岸追逐奔跑，还有每月举办一场弹唱音乐会。现在正计划以"书写世界"为主题从2021年开始周游世界。

　　　　　　　日本文部科学省认定的特级大学讲师　山口拓朗

怎么样？是不是惊叹于我的异想天开呢？呵呵。不过，像这样的异想天开是非常重要的。关键不在于能否实现，而在于描绘自己的理想形象。

撰写"未来简历"时有两个要点：要化身为"理想中的自己"，要具体化。反正写的是五年后的自己，不必担心别人说三道四，请尽情地写吧。如果把完成的"未来简历"公之于众，效果更佳。不过，即使不公开，也能充分获得提高自我形象的效果。

"写出来就能实现。"——这可谓是成功法则的基本原则。而化身为理想中的自己所写出来的"未来简历"，则效果更为显著。下笔的瞬间，立刻能感觉到自我形象有了明显提升。比如，我就感觉自己俨然已经是"日本文部科学省认定的特级大学讲师"了，呵呵。大家一定会欣喜地发现自己带来的变化。

　　通过撰写"未来简历"而变成理想中的自己之后，你写出来的文章一定更能传情达意，更有魅力，更能打动读者的心。请大家不要忘记这份自信心。当你觉得快要失去自信心时，只需更新"未来简历"即可。经常不断地接触"五年后"的自己，就能使自我形象维持在高水平上。

　　当然，"未来简历"的内容已经烙印在你的大脑和潜意识里。所以，你会突然发现，自己正逐步迈向"未来简历"上写着的人生，你一定能成为"理想中的自己"。

| 结 语 |

　　各位读者，觉得这次"破解不会写文章的魔咒"之旅如何呢？

　　读完这本书后（即使没有逐项挑战那些训练题），我相信你的写作能力已经有了惊人的飞跃。

　　为什么呢？因为，通过这本书，大家已经理解了写文章时需要考虑什么、需要做哪些准备。

　　其中，有的读者想必正跃跃欲试，想要拿起笔来写点什么吧。

　　这就是破解"魔咒"的证据。

　　我想再强调一遍这本书的第一句话：你也有写文章的才能。

　　请不要忘记这句话。

　　人是有思想、有情感的动物。

　　你每天都在思考，在各种情感变化中生活着。

　　所谓文章，其实正是这些"思想"和"情感"的结晶。

　　换言之，文章就是"你自己"。

　　你有着世界上独一无二的、可贵的思想和情感。

　　关键就看如何琢磨这块玉石，将它和实际的输出（写文章）联系起来而已。

　　请树立自信心。

　　仍对自己抱有一丝不安的人也请放心。

　　这本书正是为了帮助你挖掘沉睡中的潜能而存在的。

　　请务必利用空闲时间挑战一下书中介绍的训练题，你将会给自己带来明显的变化——扩大视野，激活大脑，深化思想，善解人意，发现自己……在写文章时，这些都会成为强大的武器。

　　当你绞尽脑汁也写不出来的时候，当你想不到要写什么的时候，请随时重新翻看这本书，你一定能从中找到启发的。

　　最后，我谨向Sunmark出版社的黑川可奈子女士致以谢意。从这本书还在腹稿阶段开始，她就和我一起策划、酝酿，终于把这枚纤弱的鸡蛋成功地孵化出来。

　　此外，我要感谢我的妻子朋子——她是我的顾问，平时经常给我提建议。我还要感谢我的女儿桃果——她也是我写作的动力。谢谢你们！

　　我还要感谢这本书的读者。

　　我期待着有一天能和你写的文章相遇。

山口拓朗